從10萬到兩億

小資族的房產投資勝經
我是 Money 哥，僅用 4 年，
從無殼蝸牛到坐擁 15 間房的真誠告白

作者◎賴政昌

我很高興能夠推薦這本令人印象深刻的房地產書籍。

認識政昌已經 10 多年了，印象中的阿昌是個正面積極，勇敢果決的年輕人。

兩年前有幸可以跟他合作他的第一本書《雙贏：東西這樣賣，團隊這樣帶》。動作迅速的他，兩三個月就完成了我們合作的書，讓我驚訝他對目標的執著以及行動力。

政昌是一位在房地產領域有著豐富經驗的投資者和專家。他在書中深入探討了房地產市場的趨勢以及他自己這些年來成功的經驗、實際案例和解析，詳細說明如何建立和管理房地產投資組合。

這本書的最大優點在於提供了現代投資者所需的所有信息，尤其是當今市場的快速變化，這本書是一個寶貴的資源。它還具有簡明易懂的風格，將複雜的主題簡化成易於理解的步驟，因此無論您是否是有經驗的投資者，都可以從這本書中受益。

我強烈建議每個對房地產投資有興趣的人都應該閱

讀這本書。它提供了深度的信息和實用的策略，並解除您的疑慮與不安，幫助您在投資房地產方面取得成功。

祝願這本書對您的投資之路有所幫助。

最美好的祝福來自～昌哥
美門企管顧問公司執行長

從窮人思維的泥沼中抽身

窮人思維是會遺傳的，你要逃離。你不僅要逃離，還要帶著身邊的人一起逃離。

眼前這本書《從 10 萬到兩億》，並非僅僅是關於房地產架構書籍，更是一本現身說法，將自己豐富的人生寶貴經歷毫無保留地，分享成功思維的自我提升指南，同時簡化了你在途中摸索的過程，縮短了你與成功之間的距離，本書解構了自己的成長「密碼」，千萬別只是隨意翻看。

書中提到翻轉人生的關鍵思維：全世界最傑出的企業家、政治家，都是最厲害的銷售員，銷售他們的思想與價值！

要改變人生，先改變想法，學習能力改變命運「**銷售能力**」也是**我認為，要想快速累積財富其最需要具備的能力**！

學習，就是對自己的一種最大、最好的投資。「股神」巴菲特就曾下定決心，不把格雷厄姆的書讀上 12 遍絕不開始投資。

投資自己所創造的財富，可能讓你自己都無法預想，回報怎麼會這麼大！但有許多人，總捨不得給自己投資

時間去學習。只要開始永遠不晚，只要相信就有可能。

　　溫德爾‧菲利普斯曾經說過「失敗是成功之母」，這句話印證了無數成功者的早期經歷，很多人都是在經歷了無數的失敗之後才走向成功的。

　　所以有貴人引領，以及好的教練帶領是非常重的，建議可以直接報名政昌老師買房關鍵操作和技巧，將會更完整客製化依照每個人的收入與條件，給予量身定做的個別建議，讓你少走冤枉路。

　　政昌老師的成長心路歷程，每個章節的重點精華整理，提供超實用的秘訣，讀了這本書之後，你會看到許多清晰有說服力的成功思維，讓你可以少走彎路更加快速輕鬆，請讀進心裡，把學到的知識運用在人生中。

　　有了這本書相伴，相信你定會時刻感受到一種神奇力量的鼓舞，你不會是收穫一點點，而是會受益匪淺。

　　品讀它的精髓，應用它的理論，你的財源就會滾滾而來，從而開創成功輝煌的人生。

亞洲華人提問式銷售權威◎林裕峯老師

從反感，到了解，到欣賞，到真心推薦。

政昌老師是我在ＢＮＩ商會中認識的朋友，一位我不太想要深交的朋友。為什麼？因為他總是說「不要對我說加油！那是說給弱者聽的。」他也常說：「我不做便罷，要做就做最好！」這樣的說法，讓我覺得他有點狂妄，跟我一向穩中求健的風格，顯得格格不如，畢竟道不同不相為謀，所以我刻意的跟他保持一點距離。

不過，到了社團，朋友不相處，也不可能真正了解一個人，進一步了解之後，我發現他為人也確實屬於性情中人，不但樂於分享、助人之外，雖然自信、狂妄，但在自己的專業領域上，也確實屬於實戰派的贏家。

在金融保險業超過十年，專職培訓金融保險顧問，也超過 11 年至今，對於各項理財工具，我也不算陌生，但談到運用房地產理財，翻身致富，這總是讓我感覺風險頗高。當政昌告訴我，他短短四五年的時間，累積驚人的房產，當下我雖然對他「賴大膽」的稱號讚譽有加，實質心中也充斥的更多的問號與憂心，心想，現金週轉率、變現率、管理成本……等等，我著實地為他捏一把冷汗。

不過，看完了他的書之後，我的問號一一消失，也衷心佩服他的膽識與用功。

我問你，你要如何反駁一個擁有 15 間房子的持有人所說的話？就像任賢齊被問到周杰倫粉絲幫周杰倫做數據的事情，他坦率表示他不需要這些數據的，光是作品就能把人拍死了。政昌老師，光持有這麼多房，就足以讓你聽聽他怎麼玩的。

我自己寫文章已經超過十年了，我也常教學員透過寫作來蕭立自己的權威感。那具有含金量的文章，怎麼寫呢？含金量的寫法基本有三：

一、Know what，含金量最低

二、Know why，含金量次之

三、Know how，含金量最高

我光讀完為什麼在這個地小人稠的台灣，空屋率高、少子化，照理房價應該泡沫化的情況，政昌老師點點道破為什麼沒有泡沫化的原因（Know why），這就含金量十足了，更何況是後面的技術操作（Know how）。

特別的是，同為作家，政昌老師也是金句連連，這不但讓讀者可以化繁為簡，也會有一種醍醐灌頂的效果。

其中有段話說得好：「你買房：漲了你是贏家，不漲你還是有家！你不買房：漲了你是輸家，不漲你還是沒家！這一段話徹底道破，房地產我們確實是非買不可呀！」這實在也難以被顛覆。

其他更多金句，你應該自己買書看。

而且提出的佐證資料、數據，也能讓你省去大量的資訊搜集成本，更是你進軍房產理財必須知道的重要資訊。

例如他說：「根據 2022 年內政部房屋稅籍統計資料顯示，全台超過 30 年屋齡的房屋有 51.09% 達 400 多萬戶，台北市有高達 71.98% 是超過 30 年的老宅，位居六都之冠。更有超過 47.52% 的屋齡超過 40 年，高雄市與台南市的老屋也超過 5 成。」

「試問這些房子經過 10 年、20 年你還敢住嗎？而過去這幾年，凡發生地震倒塌與火災的，多半都是這些老房子！想必你不會想拿自己的性命開玩笑吧！這些數據顯

示，政府、建商均看見都市住宅的老舊換屋需求迫切，而唯獨老百姓卻忽略這點了！」

我自己也受惠於房地產的資產增值，三年多前我就在頭份買了預售屋，三年後的今天，房價也幾乎翻了一倍。所以，我也深深認同，房地產絕對是一般市井小民得以翻身的理財工具。

很高興政昌老師願意以自己的實務經驗，告訴大家一條，有機會透過正確的操作房地產而致富的捷徑，更高興我有政昌老師這個好朋友，因為未來我想要再透過房地產來理財的話，我可以直接請教他。

這本從《從十萬到兩億》的房地產理財工具書，你不僅僅可以看到房地產理財的正確操作，更可以看到政昌老師他過人的膽識與超凡的工作態度。

真的是非常值得拜讀的一本好書。

雷龍式銷售第一人 黃國華 老師

　　我是貝克大叔，我必須承認，無論是投資或房地產，真的是一個小白。

　　很早之前，在短影音平台就看到 Money 哥的影片，然後他報名來上影片製作課程而結識，先說說，Money 哥給我的印象是，眼光獨到、執行力強的人，尤其是後者，只要一決定就會馬上行動的人，無論是寫書、拍影片、做 podcast、出書……等，這些個人特質成就了現在的他。尤其是書中的一句我很喜歡：

　　「最後，我再次的勉勵自己，當有一天我離開人世時，我要笑著離開。因為我的每一天，我都是全力以赴的拼搏，並且努力活出人生的精彩，不讓我的人生留有任何遺憾，這也是我願意一生為教育而努力的道路。我要用我的人生故事，讓這個世界變得不一樣！」

　　從以上的字裡行間，你可以發現他的積極、拼搏的精神。人生就是那麼一回，為什麼不轟轟烈烈、精彩過一生呢？

　　說實話，購買房地產或房產投資，一直以來都是一

個吸引人的領域，對於想要藉此來增加財富的人來說，這似乎是一個理所當然的選擇。然而，對於像我這樣對房地產毫無概念的人來說，這是一個充滿挑戰性的選擇。當我接到寫序這個任務的時候，我為自己的無知感到擔憂。但是，在閱讀完這本書之後，我深深地感到，我終於瞭解基本邏輯，讓我有「原來是這樣的啊！」、「跟我想的不一樣耶」的感受。

首先，這本書非常易懂，即使我作為一個小白，也能夠理解其中的概念和基本知識。書中用簡單易懂的語言解釋了各種不同的概念，尤其是看到許多的分析與案例，都可以跟隨著 Money 哥的腳步去探索、去瞭解，再變成腦袋中的知識。

很推薦這本《從 10 萬到兩億》給大家，尤其像我這樣的小白，真的會茅塞頓開的感受，因為以前是「對對對，房地產賺錢，我知道，但是我不會啊」，看到了以後就變成「原來學會對的思維、對的方法」！

手機攝影網紅、講師◎貝克大叔

　　有時候會想：「如果時光倒回 10 年前再來一次，我會做什麼樣的選擇呢？」，相信許多的決定都會不一樣。常有人說房地產這個領域是一個時機財，歷年來不論政府打房與否、也不論房價實際漲跌如何，都有許多「唱空」房地產的聲音。

　　事實證明，以長期來看，房地產始終是最保值且增值的資產。或許很多人因為擔心少子化、空屋率、政府打房等議題，錯過了創造財富的機會而「搥心肝」、抑或是因為在這條道路上，缺乏明師指路而無所適從。

　　不論原因為何，只要你想要在房地產的領域學習如何累積財富，都應該好好閱讀本書。政昌老師經過短短四年的時間，為自己買下 15 間房產，從 10 萬元開始到擁有 2 億元的資產，這好像是電影主角才有可能出現的劇情！竟然能在現實生活中做到，實在不可思議。

　　一直以來，看到政昌老師不論在工作上或是教學上都是全力以赴不遺餘力。不僅追求個人的成果，更樂於與他人分享成功的經驗，為的是讓更多人也能夠脫離財務困難的苦海。這樣的精神，我想是來自於政昌老師過

去的經歷，他總說自己：「哭過、笑過、發瘋過」、「如今擁有這樣的生活，真的像在做夢！」、「因為一路上獲得許多貴人幫助，也感謝努力不懈的自己！」

我想，這是一本關於財富自由的心法，透過每個親身經歷的故事，分享如何累積資產的寶貴經驗。衷心推薦給每一位不畏挑戰、努力前行的夢想家們。

徐睿甫 Ray 睿溢地政士事務所 所長

　　千呼萬喚始出來，這本書終於在許多我課程上的學生呼喊下完成了。

　　從事房地產教學工作超過多年的我，聽過我課的學生也近萬人。這些年來我始終是教學與實戰同時並進，但由於教學工作實在繁忙，再加上短視頻崛起，故這幾年花了許多時間在影片拍攝與實戰教學操作上，鮮少有時間坐下來好好的撰寫文章。

　　直到去年 2022 年底時，出版社賈總編輯傳來了一則簡訊，邀約我碰面，並詢問我政昌老師，你是否有意再出第二本書呢？他恭喜我，並跟我表示說，我上一本書《雙贏：東西這樣賣、團隊這樣帶》評價與銷售都算不錯，若能持續的撰寫下一本書，肯定能造福更多喜愛閱讀的讀者。

　　總編輯另外也表示，他長時間觀察我粉絲頁的內容，覺得我內文乾貨滿滿，又很能夠引起許多讀者的共鳴，建議我倘若時間允許，可以規劃撰寫下一本書。

　　撰寫以及分享文章，一直以來是我喜歡做的事情。我喜歡留下的是記錄而非留下記憶，因為記錄不會消逝，

記憶會隨著年紀增長而消失。我擅長透過文章，抒發正能量以及心得感觸，甚至是透過一些時事的發生，傳達我不同的見解與感想，目的不為別的，只希望能讓這個社會，擁有更多的正向語言以及改變的力量。

我也希望透過我寫的文章，能解決許多人當下可能遇到的問題或是困境，因為有時一句話，真能足以影響一個人，並改變他的一生！至少我過去就是因為他人的一段話以及文章，憤而改變我的一生，我感謝那些正向語言以及成功故事！

趁著這次過年的長年假，我放下部分的工作，以及重新調整 2023 年的計畫，我終於有時間坐下來好好的思索著如何撰寫這一本書了。

業務銷售、房地產與公眾演說，這三項技能，是我賴以維生的工具，第一本書《雙贏：東西這樣賣、團隊這樣帶》是屬於業務銷售教學類的書籍，那第二本書就寫寫我的另一專長，房地產吧！畢竟我這幾年能夠翻轉人生，確實靠的就是房地產。

我決定把我這數年來在房地產上的實戰操作心得，均撰寫在這本書裡，並分享給渴望翻身的小資族們，擁

有房地產，不再是遙不可及的夢想。

　　大家可以透過這本書，發現房地產的操作其實真的並不困難，只在於你是否有貴人引領，以及好的教練帶領。也期待擁有這本書的你們，能具體的依照書中的操作方式實際執行，讓房地產不再是有錢人的專利，你們也能透過房地產翻身！

From 100,000

目錄

第一篇

為何而做

——我們既然改變不了這世界的運行，那只好改變我們的思維與方法。

——愛就是在別人的需要上看見自己的責任，當下的心念，將決定了你的智慧。

——「當人生一切落幕時，什麼是你最驕傲的事，最終你有成為你想要的人嗎？生命的價值不在於長短，而是在於精不精彩」

——你是否也曾經跟我一樣，每天很努力的賺錢，但經過三、五年後，存款始終沒增加？資產還是零呢？

——賺錢的目的為何？找出一個非達到目的理由！

01

這是一本教人炒房的書嗎？

我們既然改變不了這世界的運行，那
只好改變我們的思維與方法。

❖ 你是不是覺得房地產投資都是這些有錢人以及財
團在做的事情？

❖ 你是不是也痛恨這些財團以及投資客，竟把房價
炒得這麼高？

❖ 你是不是更痛恨這些房地產老師，竟然還大咧咧
的帶頭炒房？

❖ 房地產本是單純住的用途，卻因為這些人把房價
拉抬起來，導致我們這些平民老百姓越來越買不起房！

41 歲尚未接觸房地產以前的我，自 2002 年看上一間全新 800 萬透天，卻因為家人的反對竟沒下手去買，自此以後房價竟一路上漲到 2000 多萬，台灣房價就像變了心的女朋友，一去不復返。看著房價越來越貴，就此之後我已經放棄買房，因為努力打拼存錢的速度，永遠跟不上房價上漲的速度，最終只能盼望父母親的老房，以後可以留給我，讓我老了之後有個遮風避雨的地方就行。

　　而我也經常的詛咒這些投資客以及財團，盼望著他們早點下地獄，更期盼政府能懲治這些炒房的財團與投資客，實現老百姓殷切期盼的居住正義。

　　回顧台灣房市過去的這 30 年，居住正義實現了嗎？不僅沒有，房價反而幾乎是呈現倍數成長，這到底是怎一回事呢？

　　不論過去台灣政權幾次的輪換，又或是翻開過去政府一系列的打房政策，奢侈稅上路、房地合一 2.0、限貸令、平均地權條例……等。政府的打房政策看似不斷的推陳出新，再加上這其實都是政府的良政，也是政府的美意，但是房價卻始終沒能回歸到我們平民老百姓買得起的價格，到底該怎麼辦？難道我們就只能看著房價一

路飆漲？卻束手無策嗎？

　　2018 年時，是我正式接觸房地產的第一年，我開始停止抱怨，因為我知道抱怨無用，不如選擇改變。我開始放下偏見、執著與憤怒，認真仔細去瞭解房價上漲的真正原因，以及瞭解這些有錢人在房地產上的操作模式，並虛心學習與請益，「我們既然改變不了這世界的運行，那只好改變我們的思維與方法！」，因為這世界並不會因為我們的抱怨，而停止運轉，反而會因為我們的抱怨，財富與我們漸行漸遠。所以，「改變」似乎是我唯一的選擇。

　　2018 到 2022 年，這不到 5 年的時間，我因為徹底的改變思維與做法，我的財富也開始大量的累積！我很感謝自己過去的選擇！若沒有這一次正確的決定，就不會有今天的我！也期盼你也能跟我一樣，透過這本書成就更好的自己！

　　而這本書並不是教大家如何炒房！畢竟我從購買第一間房到現在的第 15 間，至今仍持續的持有中，均尚未出脫過！我只是將房地產視為累積資產的重要工具！目

的是為了讓自己下半輩子能安心安穩的生活！而這本書主要目的是幫助大家釐清房價上漲的原因有哪些？以及我是如何從 0 到 15 ！並幫助大家如何因應未來的環境變遷！

最後我想分享的是，我們都知道中國人有句俗語叫「有土斯有財」，我們也知道台灣大部分的有錢人，基本上都跟房地產脫不了關係，我們都知道，靠房地產賺錢是一件很重要的事情，但是卻埋怨我沒有錢，沒有足夠的能力，所以無法投資房地產。你是不是也這樣覺得呢？

恭喜你！這本書就是要跟大家分享，我是如何從 0 間到 15 間房的，倘若看完你還是一知半解，建議可以直接洽詢我的課程，我將更仔細的跟你分享，我是如何快速的累積資產！期盼你能擁有更好的未來！

重點精華整理

1. 努力打拼存錢的速度，永遠跟不上房價上漲的速度，最終只能盼望父母親的老房，以後可以留給我，讓我老了之後有個遮風避雨的地方就行！

2. 回顧台灣房市過去的這30年，居住正義實現了嗎？不僅沒有，房價反而幾乎是呈現倍數成長

3. 政府的打房政策不斷推陳出新，這其實都是政府的良政，也是政府的美意，但是房價卻始終沒能回歸到我們平民老百姓買得起的價格！

4. 我開始放下偏見、執著與憤怒，認真仔細去瞭解房價上漲的真正原因！以及瞭解這些有錢人在房地產上的操作模式！

5.「我們既然改變不了這世界的運行，那只好改變我們的思維與方法！」，因為這世界並不會因為我們的抱怨，而停止運轉！反而會為我們的抱怨，財富與我們漸行漸遠！所以「改變」是我唯一的選擇！

6. 我只是將房地產視為累積資產的重要工具！目的是為了讓自己下半輩子能安心安穩的生活！

02

初衷

愛就是在別人的需要上看見自己的責任，當下的心念，將決定了你的智慧。

❖ 我常在思索的是，人生短短數十載，我究竟能留下什麼給這個社會？

❖ 死亡不可怕，可怕的是我壓根沒活過！

❖ 我總是提醒著自己，生命是短暫的，是否可以開始為自己累積價值呢？

❖ 透過自己的價值，讓每一個遇見我的人都能夠得到幸福。

❖ 只要有我的存在，我就希望能為更多的人創造更多的價值！

❖ 越早發現越早珍惜每一個當下，並把握住每分每秒。這本書創作的初衷就此誕生！

政昌老師，你又開始寫書了？

對呀！我想把過去這幾年的所經歷的一切，逐一的紀錄下來，因為我很感謝老天爺，給予我現在所擁有的一切，如果當初沒受人恩惠，沒受人幫助，再加上若沒有貴人的提點，我也不會有今天的結果！我很感謝他們，所以我想把我經歷過的一切，分享給那些渴望過得更好的你們，讓你們也能擁有更好的生活，以及實現你們的目標與夢想！

我不是什麼名人，也不是什麼有錢人，更不是企業家，我過去只是一個曾經離過婚，擺過攤，開過計程車的平凡老百姓！我沒有顯赫的背景與條件，更沒有卓越的成就，我只擁有一顆懂得感恩的心！所以我想把這恩典分享給需要幫助的人！

我曾經在網上看過一段影片叫「葬禮遊戲」，這遊戲闡述的是，如果你人生走向盡頭時，誰會來參加你的葬禮，可能是老婆、孩子、朋友、同學……等。

在葬禮上他們又會對你說些什麼話呢？或許是財富、或許是對你的愛、又或許是你給他們帶來的歡樂、又或是知識與智慧，而他們在葬禮上對你說的話，其實就是

你這一生的總結。

如果老天爺告訴你，你只剩下最後 10 年的壽命，你會想做些什麼或留下什麼呢？以下 7 點，是我想為自己留下的足跡

1.「**出書**」：我想留下的是記錄，而不是只是留下記憶，讓擁有我這本書的你們，能夠透過我書中的故事，或是一些方法與技巧，開啟你們不同的思維與智慧！我並不是最優秀的，但是我卻是最樂於分享的！因為施比受更有福。

2.「**演說**」：透過公眾演說分享改變生命的故事，讓許多人知道，即使你身處絕境，即使你找不到人生方向，但是你仍然能夠成功！別看貶自己，因為時時都有可能，肯德基爺爺 66 歲才創業，直到 88 歲才成功，我渴望透過演說給予這個社會正向的力量！幫助需要幫助的人！

3.「**典範**」：沒能在我最愛的女兒身邊陪她成長，是我生命中最大的遺憾！我能做的就是成為她的典範與表率！讓她知道身為父親的我正以身作則！成為她的學習

成長標竿！

4.「智慧」：除了留給孩子財富之外，更希望留給她的是智慧！讓她學習用智慧做事、做人，正所謂「子女有才無需留財，子女無才留財無用」，所以我更渴望傳承的是智慧！同樣的我也希望擁有我這本書的你們，能透過這本書的案例，累積一些經驗與智慧，少走一些失敗的冤枉路！

5.「態度」：讓家人孩子或是我的學生看見我做事的態度！因為我始終相信「態度決定一切，堅持決定成敗！」態度對了，真的什麼都對了！態度不對，就算給你再好的工具或是機會！一切都只是空談。

6.「傳承」：人死了之後只剩下一堆白骨，我能否把經驗、智慧與態度傳承給需要的人，希望能把這些智慧精華傳承給各位！我雖不是最優秀的！但我絕對是最願意幫助且樂於分享的那一個。

7.「財富」：你說我不為錢是騙人的，助人的前提是「必須自己先要有錢有閒」，我希望累積更多的財富讓自

己過更好的生活！並且運用這些財富，幫助這社會上真正需要幫助的人！沒有錢，你跟人談什麼理想！我們都知道這世上 90％的事情都必須靠錢才能解決！所以我想在幫助別人的同時，也能為自己累積一些財富，過一個安穩的生活。

以上 7 點，就是我的初衷！

2022 年的 9 月，我曾去大溪觀音亭求得一個籤，第三十七首，此籤內容為

「運逢得意身顯變，君爾身中皆有益，一向前途無難事，決意之中保清吉」

此籤白話一點的表示，人的際遇到得意的好運氣，身心也會隨著變化，左右逢源，萬事順遂，福至心靈，一路福星，心想事成，當然也夢想成真，你現所從事的，都會是有益的，亦可受惠周遭的人。

當我抽到這籤後，我也對這籤的內容感到意外以及喜悅，因為這也是我一直渴望做的事情，所以我決定繼續寫書，幫助需要幫助的人，俗話說「富貴不如長命，長命不如健康，健康不如快樂，快樂不如助人，唯有助人最快樂」。

最後，我再次的勉勵自己，當有一天我離開人世時，我要笑著離開。因為我的每一天，我都是全力以赴的拼搏，並且努力活出人生的精彩，不讓我的人生留有任何遺憾，這也是我願意一生為教育而努力的道路。我要用我的人生故事，讓這個世界變得不一樣！

重點精華整理 ···

1. 只要有我的存在，我就希望能為更多的人創造更多
   的價值！

2. 如果當初沒受人恩惠，沒受人幫助，再加上若沒有
   貴人的提點，我也不會有今天的結果！我很感謝他
   們，所以我想把我經歷過的一切，分享給那些渴望
   過得更好的你們，讓你們也能擁有更好的生活

3.「富貴不如長命，長命不如健康，健康不如快樂，
   快樂不如助人，唯有助人最快樂」。

4. 我的每一天，我都是全力以赴的拼搏，並且努力活
   出人生的精彩，不讓我的人生留有任何遺憾，這也
   是我願意一生為教育而奮鬥的道路。

03

驀然回首，四年房產之路

....

「當人生一切落幕時，什麼是你最驕
傲的事，最終你有成為你想要的人嗎？
生命的價值不在於長短，而是在於精不
精彩。」

....

❖ 過去你是否曾經為了某個目標而努力過？

❖ 是否曾經因為追求夢想而讓自己弄得渾身是傷？

❖ 是否曾經為了夢想而失去一個完整的家庭？

❖ 你是否有過這樣的經歷，無論我們如何的聲嘶力
竭，拼盡全力，結果還是不如預期呢？

回首四年多的邁向房產之路中，我接受了改變，並且選擇勇於闖蕩這條路，雖然這四年多，事事並非都如此順遂，但卻在我的人生中增添了更多的精采回憶。

　　「低谷」是我過去心境中最好的寫照，我也勇於面對當時的困境，哈佛小子林書豪說：「我認為在學習成功前，必須先學會失敗」，老實說我過去總坦然面對這樣的困境，我確實曾經難過，也哭過，但我從未放棄過。

　　過去數十年，我不斷的面對失敗，因為我知道老天爺在要送我下一份更大禮物時，總是給我最大的考驗！麥克．喬丹曾說：「我可以接受失敗，但絕對不能接受自己都未曾奮鬥過」，俗話說，衡量一個人的成就，不是看他爬得多高，而是看他跌到谷底時反彈得多高！

　　邁向成功這條路上，其實我已經學會孤單，因為「天將降大任於斯人也，必先苦其心志、勞其筋骨、餓其體膚、空乏其身」。我滿懷著感恩的心，感謝過去這四年多來曾經陪我走過的合作夥伴，如果沒有他們也沒有今天的我，也因為這四年多的歷練與他們的合作，更讓我瞭解成功必須先學會謙卑、成功更不是一個人可為的。

我已將這些成功與失敗的經驗，深深牢記，讓自己走向成功的路程中謹遵教訓，避免再次跌倒！

這四年多的路程，初期的第一年是最茫然的，也是最沒把握的，因為當下的我，對自己、對未來總是充滿著懷疑，也不知道這是不是真的可行，甚至不知道成功這條路的盡頭在哪？好不容易熬過了大家所謂拓土期的第一年，卻仍看不見絲毫的果實，開始邊做邊懷疑這是不是真的。

在半信半疑中，仍給自己許下承諾，再給自己努力一年，第二年的我，繼續撒下種子，每天仍是日以繼夜，夜以繼日的努力打拼，開始慢慢看到一些種子逐漸發芽。「這好像是真的耶！」，當時的我真的是這樣興奮大叫著！

第三、四年算是我翻轉人生中，最輝煌的一年！因為我真的做到了！從第一間房第二間房到現在的第 15 間房，這兩年也似乎是我向世人證明，我的選擇是正確的！因為我正逐漸實現夢想。

我很感謝老天爺引領我走這一遭，讓我歷練、讓我

成長，這十幾年來，我曾經失敗過、哭過、笑過、也發瘋過，甚至放棄的念頭時時在我心中浮現，但慶幸的是我從沒選擇過放棄。因為我不甘心，也不願意，我知道成功絕對是留給堅持到底的人！

「過去一切一點都不重要，重要是我將成為什麼，我無懼於人生的暴風雨，因為他將助我學習如何駕馭人生之船。」，我很興奮的是我已經擁抱曾經許下的夢想！更令我雀躍的是，原來夢想確實是可以實踐的！

重點精華整理

1. 事事並非都如此順遂，但卻在我的人生中增添了更多的精采回憶。

2. 哈佛小子林書豪說：「我認為在學習成功前，必須先學會失敗」

3. 麥克.喬丹曾說：「我可以接受失敗，但絕對不能接受自己都未曾奮鬥過」

4. 衡量一個人的成就，不是看他爬得多高，而是看他跌到谷底時反彈得多高！

04

你是否每天很努力，卻始終……

　　你是否也曾經跟我一樣，每天很努力
的賺錢，但經過三、五年後，存款始終沒
增加？資產還是零呢？

❖ 在現實生活中，我們身邊總有許多朋友感嘆房價、
物價越來越高，薪水總是不漲，經常的抱怨政府政策的
無能，使得有錢人越來越有錢，窮者越窮的負面心理！
怨恨自己生不逢時！感嘆自己過去書沒少念，卻仍舊無
法擺脫窮人宿命！對人生的訴求無非只想買個房有個窩
住，以及結婚生子如此簡單的目標，竟是個不可能的任
務！

2002 年研究所畢業後的我，進入到上市公司光電產業工作！月收入四萬多的薪水，再加上股票分紅，也約略有近 80 萬的年收入！就以當時的薪資環境跟許多人比較起來，算是不錯的開始！

　　工作第二年，由於上市公司有股票分紅，所以公司都會要求我們必須開個證券戶頭，方便發放股票，再加上同事之間茶餘飯後的話題都是股票，所以我也開始跟著同事研究起股票。我們都知道把錢放在銀行利息很低，放在股市裡看似賺錢相對容易許多！再加上奇妙的是，通常第一次買股總是會賺錢！所以便逐步的把大部份的薪資放在股市裡！

　　工作兩年後，因為年輕再加上單身，前一台車有點舊了！看到不少同事都換了好車，我也被慫恿下，跟著換了一台進口休旅車！其目的除了犒賞自己上班辛苦外，也是為了能夠有面子，可以風光出去交個女朋友！

　　就這樣每月 2 萬 5 的車貸，再加上保險、股票、生活費……等開支，我也成了名副其實的月光族！唯一還能夠存上錢的只剩下公司每年發放的年終獎金，以及部

分在股市裡存的錢了！

　　五年之後好不容易 60 期的車貸還完了，29 歲開始計畫用 3 年時間結婚買房，沒想到經過幾年後，當初看上的 500 萬房（頭期約略 100 萬），竟漲到 900 多萬（頭期約略 200 萬）。

　　股市裡的錢卻是不增反減，再加上存摺裡的數字，竟跟不上房價上漲的速度。談戀愛要花錢，養車加油也要錢，放假出門旅遊什麼都要錢！自己再試算一下，900 萬的房，貸款 700 萬 20 年，每月的負擔卻要 3 萬 5，真買下房後，肯定沒有任何生活品質，於是乎漸漸發現非買房不可的想法，竟是離我越來越遙遠！

　　由於薪水始終沒太多的增加，兼差增加收入的念頭就此油然而生，傳直銷是我出社會工作後的第一份兼差，因為工作彈性，時間自由，再加上「倍增」以及建立非工資收入的商業模式吸引下，對此我是毫無拒絕經營的理由！

　　由於害怕自己口袋老是存不到錢，所以兼差經營傳

直銷時非常的拼，科技業早上九點上班，約略工作到八、九點下班，下班後我繼續開始我的兼差工作！經常是做到晚上十一、二點，車頭才會朝家裡！

　　經營約略兩年左右的時間吧！我傳直銷的收入已逐漸超過了科技業工程師收入的兩倍，就以當時一個完全沒業務經驗的菜鳥而言，這樣的成績算是還不錯！再加上組織越來越大，傳直銷分配的時間，需要越來越多，就在魚與熊掌無法兼得的情況下，只好毅然決然的放棄白天科技業上班族的工作，全職經營傳直銷。也確實就在離職後，組織因此一飛衝天，年收入也突破了2、300萬，對當時年僅32歲的我而言，算是另一個事業高峰。

　　收入增長後，身邊的高聘開始慫恿你換車、買錶、購買名牌服飾……等！目的是為了凸顯出我們似乎賺了很多錢，並吸引更多的下線跟著我們一起經營這個事業，再加上總覺得買房不如租房來得划算的觀念下，決定放棄買房。由於每月錢來得快，去得也快，再加上當時並沒有很好的理財觀念，有信心的覺得，我建立起來的非工資收入系統非常的穩定，心想著，反正這個月錢花完了，下個月又來了，等收入更高後再來理財就得了。

沒想到好景不常，因為該公司修改了獎金制度，再加上組織龐大，人並不好帶，組織也面臨了崩盤！我的被動收入也逐步的凋零殆盡，成了過眼雲煙！

2018 年以前的我，工作長達 17 年！總收入算算也近 2000 萬！這 17 年的我，共換了 4 台車、幾隻昂貴的手機、3C 產品、保險，股票以及生活開銷……等！

經過 17 年後～

一台 150 萬的跑車附上數十萬的改裝，經過 10 年只剩 20 幾萬的殘值。

一支 3、4 萬手機，經過 3 年，卻只能拿來當女兒的玩具。

一台 5 萬高效能筆電，經過幾年後，送給資源回收，只能拿回 150 元。

先前曾經買進的前公司股票，有的已經腰斬再腰斬，甚至還下市變成壁紙，17 年過後，我的資產仍舊是零，甚至還有車貸沒還完！

我真的很努力也很拼，但是口袋卻始終沒錢。探究真正的原因其實是，我過去購買的都是貶值型消費性商

品！什麼是貶值型消費性商品呢？就是只會跌不會有任何的保值性以及增值性！股票或許算是具有保值以及增值性！但在此前提必須還得選對股票！

過去曾有朋友建議我，你怎不買房置產呢！當時的我，總是嗤之以鼻的回說，我才不要每月揹房貸，讓生活被壓得喘不過氣來呢！其中我付出去的錢，竟然還有很大部分是用來支付銀行利息呢（700 萬房貸 20 年期，利息 2%，20 年利息總支出約略為 150 萬左右）。如果真要買房，我當然要全款買，幹嘛讓銀行賺這 150 萬利息！你說是不是（就以當時我的財商知識程度，見解僅只有如此而已！）

直到 2018 年的 5 月，一堂房產課程，徹底改變了我的一生，台上講師跟我分享他對房地產的一番見解，以及提供精準的數據分析後，讓我徹底對房地產大大的改觀！

這幾年，我因為有了正確的建構資產的方法和技巧！逐步從無殼蝸牛開始累積資產，至今已達 15 間房，再加上幸運的是，這幾年因為受到新冠疫情的關係，房地

產竟大幅增值，而我的總資產價值卻已達兩億左右！過去17年努力打拼工作，和這4年間一次正確的選擇！結果竟是如此的天壤之別。

當時身邊家人總對我說，我被那個房產老師給洗腦、給騙了，說我執迷不悟。

但是四年後的今天，很感謝當時我的腦袋竟被洗得如此徹底，已將我從窮人腦袋，洗成有錢人的腦袋，才能讓我擁有今天的財富，並彌補我過去的無知！

我唯一悔恨的是，如果21年前有人提早洗我的腦袋，提早告訴我這些財商知識和房產操作技巧，我今天的財富絕對不止如此，俗話說「財富的落差，來自於對資訊的落差」。

奇妙的是，四年前跟我同期學習的同學，聽完有人相信，也有人不相信，就當時而言，其實不相信的是占多數！但是4年後彼此間的結果，卻是天壤之別，沒有對錯！這只是選擇而已。

不相信，那就是繼續用你原來的樣子！繼續過你未

來的生活而已，沒什麼不好！你願意，我當然沒意見！
而我當時只是不甘心這輩子只能這樣，所以我選擇了相
信與改變！感謝自己當時一次正確的選擇！

重點精華整理

1. 你是否也曾經跟我一樣,每天很努力的賺錢,但經過三、五年後,存款始終沒增加?資產還是零呢?

2. 怨恨自己生不逢時!感嘆自己過去書沒少念,卻仍舊無法擺脫窮人宿命!

3. 人生的訴求無非只想買個房有個窩住,以及結婚生子如此簡單的目標,竟是個不可能的任務!

4. 把錢放在銀行利息很低,放在股市裡看似賺錢相對容易許多!很奇怪的是,第一次買股總是會賺錢!所以不少人會把錢放在股市裡!

5. 傳直銷是我出社會工作後的第一份兼差,因為工作彈性,時間自由,再加上「倍增」以及建立非工資收入的商業模式吸引下,對此我是毫無拒絕經營的理由!

6. 傳直銷收入增長後,身邊的高聘開始慫恿你換車、買錶、購買名牌服飾……等!目的是為了凸顯出我們似乎賺了很多錢,並吸引更多的下線跟著我們一起經營這個事業!

7. 我真的很努力也很拼,但是口袋卻始終沒錢。探究真正的原因其實是,我過去購買的都是貶值型消費性商品!

8. 一堂房產課程,徹底改變了我的一生,台上講師跟我分享他對房地產的一番見解,以及提供精準的數據分析後,讓我徹底對房地產大大的改觀!

9. 如果21年前有人提早洗我的腦袋,提早告訴我這些財商知識和房產操作技巧,我今天的財富絕對不止如此,俗話說「財富的落差,來自於對資訊的落差」。

10. 聽完有人相信,也有人不相信,就當時而言,其實不相信的是占多數!但是4年後彼此間的結果,卻是天壤之別,沒有對錯!這只是選擇而已。

11. 不相信,那就是繼續用你原來的樣子!繼續過你未來的生活而已,沒什麼不好!你願意,我當然沒意見!

05

為何而戰？做這件事情的目的為何？

賺錢的目的為何？找出一個非達到目的理由！

❖ 我們努力賺錢的目的究竟為何？環遊世界？給家人過更好生活？豪宅？豪車？還是什麼？不論是什麼樣的理由！我們都必須清楚知道這是你一定要的嗎？如果沒達成你會很痛苦！且必須具體化！

2018 年時，年過 40 歲的我，面臨到中年失業。曾投超過 70 封的履歷，竟只有三封回我，不是保險、傳銷就是房仲，不是我不願意接受這樣的職業，而是我已經害怕那種收入的不穩定性。

自 2002 年初出社會後，我的本科是工程相關，故畢業後一直待在科技業，前後任職超過 7 年（2002 年～2009 年），之後就開始轉戰業務工作。

可能是我離開科技業許久，再加上後續多半都從事的是業務相關工作，所以當我決定投的履歷產業偏向是科技產業時，便乏人問津。

由於離婚多年後的我，身、心、靈各方面總是身處低潮，當時的我，也對自己的能力與自信早已失去信心，所以我想回到一般公司，求個安穩的生活。

我開始害怕與恐懼，如果遲遲沒有穩定的工作！，我未來該何去何從？

說實在的，要找到工作其實並不困難，困難的是⋯⋯

這份工作我能持續做多久？

這工作是我喜歡的嗎？他能讓我發揮嗎？

這工作能帶給我未來嗎？

這工作能達到我想要的目標與夢想嗎？

這工作賺到的錢，足以讓我安心退休嗎？

我不知道……

我常自我對話的問自己，究竟賺錢的目的為何？要賺多少錢才夠用呢？先前我曾看到一篇媒體報導！標題寫著：「高壓上班族，退休至少要準備 1800 萬才夠！」

我當時心想，1800 萬耶，這對我來說真的是天文數字！

那年已經 42 歲的我了，倘若退休年齡是工作到 60 歲，表示我僅剩下 18 年的時間可以工作！

若我用 1800 萬來除以 18 年，表示我每年必須存 100 萬才夠！這可是「存」，不是「賺」耶！這數字就算是對於年薪百萬的上班族而言！也要不吃不喝不 18 年才行！但是工作未必真能讓你安安穩穩的做滿 18 年，所以我相信這對很多上班族而言，都是一件非常不容易的事情！

或許有人會覺得，媒體所說的這數字是危言聳聽，唯恐天下不亂！但我想說的是，就算不需要這麼多好了，但別忘了人生其實有兩大不幸！

小不幸：人死了，錢還沒花完，頂多變成遺產！

大不幸：錢花完了，人卻活得好好的，叫遺憾！

你想要小不幸還是大不幸呢？

我相信沒人會希望選擇後者是吧！那就真的是生不如死了！

所以我們寧可提前做好準備，也不要到老了完全沒錢後，才開始為錢煩惱吧！

事實上媒體所說的 1800 萬才足以退休，我個人覺得其實還算相對保守！因為台灣前總統李登輝 98 歲過世，前行政院長郝柏村 102 歲過世，如果退休後，不小心又健康的活過 3、40 年，那麼若以每月 6 萬的花費（通膨，外加醫療費用的支出），乘以 12 個月再乘以 30 年，等於 2160 萬。若是夫妻還必須乘以 2（我們總不能不顧另一半的死活吧！）

6 萬 *12*30 年＝ 2160 萬

所以你覺得 1800 萬，真的夠嗎？

當然這時肯定又有人會吐嘈說，我一天三餐只需要 200 元，一個月不過才 6000 元，哪需要一個月 6 萬呀！

當然你可以選擇過「將就」的生活，也可以選擇過「講究」的生活。

什麼是「將就」？什麼是「講究」呢？

「講究」：退休後「有錢」依然能吃牛排、鮑魚或是喝粥。

「將就」：退休後「沒錢」，只能選擇喝粥度日子！

退休後你想過怎樣的生活呢？由你自己決定！倘若你想要退休後仍希望能擁有好一點的生活品質，可以環遊世界享受人生，那這樣的退休金額數字，必須還要再往上加才行！講到這，會不會有許多人對此感到無奈與悲哀！覺得人為何需要活得這麼辛苦呢？

不見棺材不掉淚，這是許多人經常會忽略掉的事情。「人無遠慮，必有近憂」是我經常提醒自己的一段話，所以我努力打拼的真正目的，就是希望讓自己退休後仍能無後顧之憂，過自己想過的生活。

但反過來說，我們既然已經確定知道，退休確實就是需要這麼多錢，那麼接下來我們就要該探討的是？我有什麼樣的工具或是方法，能讓我們達到這樣的結果呢？

▎重點精華整理 ··

1. 我們努力賺錢的目的究竟為何？不論是什麼樣的理由，我們都必須清楚知道這是你一定要的嗎？如果沒達成你會很痛苦，且必須具體化。

2. 找工作其實並不困難，難的是，這份工作我能持續做多久？這工作能帶給我未來嗎？這工作能達到我想要的目標與夢想嗎？這工作賺到的錢，足以讓我安心退休嗎？

3. 人生有兩大不幸，小不幸：人死了，錢還沒花完，頂多變成遺產；大不幸：錢花完了，人卻活得好好的，叫遺憾。

4. 你可以選擇過「將就」的生活，也可以選擇過「講究」的生活。「講究」：退休後「有錢」依然能吃牛排、鮑魚或是喝粥。「將就」：退休後「沒錢」，只能選擇喝粥度日子！

5. 不見棺材不掉淚，這是許多人經常會忽略掉的事情！「人無遠慮，必有近憂」是我經常提醒自己的一段話！

06

累積資產前你必須要做的第一件事

學無止境，如逆水行舟，不進則退。

❖ 我們都知道「沒有無法改變的窮口袋，只有無法改變的窮腦袋」，腦袋決定你的口袋，口袋決定你的自由！思維不改變，結果不會變！

❖ 不學習，我們就只能用舊有的方法、舊有的思維，造就未來的我們！

❖ 如果舊方法有用，我們就不會是現在的自己了，這你同意嗎？

2007 年時，在科技業擔任工程師的我，無意間在一本書上看到幾個問題，讓我省思。

　　你滿足你現在的生活嗎？

　　三五年後你對你的未來有把握嗎？

　　如果不滿意也沒把握，你是否有更好的方法改變呢？

　　這雖然只是簡單的三個問題，但卻是改變我人生很重要的一段問話

　　是的，我當時並不滿意自己的現況與生活，只是我不知道該如何是好，我不甘心這輩子只能庸庸碌碌的過一生，我想改變！我想實現夢想！我想環遊世界！但是我卻束手無策，因為我沒有方法讓我改變現況，所以我只能維持現況。

　　直到透過朋友推薦我看一本書：「富爸爸商學院」，如醍醐灌頂般，徹底打開我的天靈蓋！我的腦袋裡的東西，似乎開始變得不一樣了！

　　我開始大量的翻閱更多的書籍，以及參與更多的課程與講座！

　　越聽越興奮，是因為我知道我的人生即將不一樣！

　　或許有些人會說，外面那些都是一些洗腦課程、洗

腦書籍，但是我想說的是，如果可以把我洗成有錢人的腦袋，我真的非常願意！

因為我知道，如果我若想要改變，我就必須先從我的腦袋改變起。

比爾 · 蓋茲曾說：「即使把他渾身的衣服剝光，一個子兒也不剩地扔在沙漠中，但只要有一支商隊路過，他仍會成為億萬富翁。」因為腦袋裡的思維不同！

我們也看過不少案例，有些平民，即使中了樂透成為億萬富翁，但是不出幾年後，他仍會變回窮人，是因為他少了一個富人的腦袋，即使給他再多錢，他也不知道如何運用！

就此後，每年我都會挪出一部份的費用上課或是買書學習，只為了持續充實自己的腦袋，學習的目的是為了抄捷徑，少走冤枉路。

從事業務銷售工作超過 15 年的我，業務銷售、房地產與公眾演說，這三項技能，是我賴以維生的工具！即使自覺目前成績還算不錯！但我仍不忘繼續向更多的大

師請益學習！每年我都會撥出數十萬不等的學習費用，持續充實自己的腦袋，或是結識優秀的人脈！

「學無止境，如逆水行舟，不進則退」，過往我看過許多夜郎自大，自以為是的人，總覺得自己很厲害了，再加上受到身分的影響，而恥於求教，以致閉門造車，才疏學淺。看看別人想想自己，百尺竿頭，不恥下問，是我持續願意學習的重要關鍵！

即使我現在可能是許多人的老師，但同時我也是許多老師的學生，哪怕課程內容是我都聽過，我也都會的東西，溫故知新，仍有可能領悟出新的道理，因為我知道自我摸索是最貴的，你不花學費，你只好自己在外面繳學費，看哪個付出的代價最高？

所以，累積資產前，你必須要做的第一件事情除了閱讀這本書外，就是上課學習。

以下跟各位分享上課學習的三個理由：

1. 知識有價，經驗和時間更是無價：

你可以花時間上網找知識找答案，你卻無法找到資源與經驗，再加上你找到的可能是碎片式的知識，也不

知道哪個是對是錯，何不花一點學費，跟著成功者用最快的速度達成目標和夢想呢？倘若你不願意花點學費，那你只能多花幾年的時間，去外面累積更多的失敗經驗，而且你必須接受長期的挫折。只是挫折久了，你就會有挫折感，倘若你承受不了這長期的挫折，你最終就會選擇放棄，這是許多失敗者最終的宿命。

2. 站在巨人的肩膀上：

成功三部曲

第一步：幫成功者做

第二步：跟成功者合作

第三步：讓成功者為你工作！

結合成功者的背後資源、知識、資源與人脈，借力使力不費力！讓自己可以用最短的時間，更快速的往上爬，何必靠自己的蠻力往上爬呢？世界上最聰明的人，就是花點小錢，卻可以買別人的人脈、智慧與經驗……

3. 創造自己被利用的價值：

在你還沒被看見你的被利用價值前，請先提供你的金錢價值（學費），天下沒有白吃的午餐，免費的只會讓你付出更大的時間代價而已。你願意付出多少代價學習

？出社會就是一種競爭，在競爭的環境與人相處下，難免少不了一些利益，唯一不會跟你談利益的就只有你的父母，你的孩子。所以你別渴望每個人都可以是你的父母，因為他們對你是沒有責任的。

重點精華整理 ....

1. 「沒有無法改變的窮口袋，只有無法改變的窮腦袋」，腦袋決定你的口袋，口袋決定你的自由！思維不改變，結果不會變！

2. 你滿足你現在的生活嗎？三五年後你對你的未來有把握嗎？如果不滿意也沒把握，你是否有更好的方法改變呢？這雖然只是簡單的三個問題，但卻是改變我人生很重要的一段問話。

3. 或許有些人會說，外面那些都是一些洗腦課程，洗腦書籍，但是我想說的是，如果可以把我洗成有錢人的腦袋，我真的非常願意！

4. 每年我都會挪出一部份的費用上課或是買書學習，只為了持續充實自己的腦袋，學習的目的是為了抄捷徑，少走冤枉路。

5. 過往我看過許多夜郎自大，自以為是的人，自以為自己很厲害了！再加上受到身分的影響，而恥於求教，以致閉門造車，才疏學淺！

6. 我願意持續閱讀，上課學習的三個理由：「知識有價，經驗和時間更是無價」、「站在巨人的肩膀上」、「創造自己被利用的價值」

07

你必須優先搞懂的重要觀念

很多道理看似人人都懂，但倘若沒釐清正確的邏輯與觀念，將會一直在錯誤中打轉！

❖ 資產與負債的概念我們必須優先搞懂，倘若沒搞懂，將會對我們的未來產生很大的影響！因為我們會一直以為這是資產而非負債！卻不斷的累積負債，卻忽略了累積真正的資產！

從小到大我非常的喜歡車，一直以來覺得車子就是有價值的，他就是我的資產！沒想到換了幾部車，共過了 20 年下來，卻發現我的資產竟是不斷的縮水！最終只剩下幾十萬的殘值。

而我身邊也有不少朋友，出社會工作買了一間房自己住！開始付起了房貸，卻以為他買的是資產！結果房貸繳了 20 年甚至 30 年，並未因此達到真正的財富自由！結果把負債以為是資產搞錯了，很可能到退休都存不到錢！

那究竟什麼是資產？什麼是負債呢？

資產: 把錢放入口袋裡

負債: 把錢從口袋拿出去

事實上任何事情都可以是資產，也可以是負債，究竟哪些是資產，哪些是負債呢？

「汽車」是資產還是負債？

答案是：看用途，當你把汽車用來當計程車或是工作用車，它能帶來現金流入時，這時車子就是資產，反之如果拿來帶全家出去玩，吃喝玩樂用，沒有任何現金流

入，那就是負債。

「房子」是資產還是負債？

答案也是：看用途，當你把房屋出租，它能帶來現金流入時就是資產，反之如果拿來自住，沒任何現金流入，那就是負債。這跟房子本身無關，而是跟房子的使用方式有關。

「電腦」是資產還是負債？

依然是看用途，有的人想到的是上班工作用，也有人是拿看劇打電動玩遊戲！同樣的，如果你能用它創造現金流入，它就是資產。

「名車」是資產還是負債？

這裡指的是，總價超過 3、5 百萬甚至是上千萬的名車，大多數人直覺會認為名車是奢侈品，是一種負債。事實上如果靠著名車能讓你談業務更體面、提升自己的自信，進而增加收入，那它就可以是另一項資產了。

分辨的關鍵是你的「現金流入」有沒有真的增加，否則對大多數人來說，名車只是自我感覺良好的負債而

已。

富人買進資產，窮人只有支出，中產階級買進他們以為是資產的負債。

負債

◆ 家用車
◆ 房子
◆ 娛樂用電腦
◆ 手機（聊天打電動）
◆ 出書
◆ 開公司
◆ 自媒體 Youtube TikTok

資產

◆ 計程車 or 業務用車
◆ 房屋出租
◆ 工作用電腦
◆ 工作用手機
◆ 著作權
◆ 建立系統
◆ 個人影響力

另外某人的負債，對另一個人來說有可能是他的資產。

我舉個簡單的例子來說好了，房貸對屋主來說可能是負債，但是對銀行來說就是資產。汽車對車主來說是個負債，但是對車商和加油站來說，就會是資產，手機對一般人來說是個負債，但對電信業者而言就是資產，這樣能理解嗎？

我常在課程中跟學生開個玩笑說，我心情不好，想吃零食，請問零食是資產還是負債呢？看似零食對身體沒任何的幫助，但是我卻有可能因為吃完這零食後，心情變好，而可以更認真的工作，那請問這零食對我來說，是不是可能就是我的資產呢？以上分享讓大家笑一下唷！

　　過去以來，能穩定產生現金流的資產其實並不多，也因此資產才很有價值，如何才能提供價值、擁有讓金錢流向自己的資產，是每個人都該思考的問題。

　　做任何消費決定時，我們應該先思考的是，你希望達到什麼樣的結果？這樣產生出來的結果，究竟是創造現金流的資產還是只有支出的負債呢？

▌重點精華整理 ···

1. 究竟什麼是資產？什麼是負債呢？資產：把錢放入口袋裡，負債：把錢從口袋拿出去

2. 富人買進資產，窮人只有支出，中產階級買進他們以為是資產的負債。

3. 某人的負債，對另一個人來說也有可能是他的資產。

4. 過去以來，能穩定產生現金流的資產其實並不多，也因此資產才很有價值

5. 做任何消費決定時，我們應該先思考的是，你希望達到什麼樣的結果？這樣產生出來的結果，究竟是創造現金流得資產還是只有支出的負債呢？

08

拿掉你的藉口跟理由吧！

富貴有時必須險中求，決定就在分秒間！

❖ 常有人言，成功者之所以成功，是因為他具備了許多平凡人所沒有的成功特質。成功特質各方說法不一，有所謂的成功 7 大特質、8 大關鍵或是成功 13 要素……等，各家說法不一，但無論哪些特質都好！均屬正向，且都有根據性及參考價值的，而當中有一項關鍵成功特質，是我首推，且必須具備的，只要少了這一項，就算其他特質都有，我也覺得他都很難成功！

前些日子，有個老朋友來到我家與我敘舊閒聊，參觀了我的新家，以及乘坐我新買的 BMW X6 後羨慕不已，他表示：要不是因為家裡一堆大小事情、再加上小孩還小、工作雜事又很多、爸媽年邁又需要照顧……等原因！

他總是跟我抱怨著，我如果我像政昌你一樣沒家庭負擔，老公沒擋我，我也可以累積這麼多間房！

當時我心中思索著，即使我們真的回到 4 年前，並且兩人角色調換，你其實也不會成功。有太多的人總是習慣的為自己找一堆藉口跟理由，做事總是瞻前顧後、想東想西、猶豫不決、怕東怕西，說實在話，再好的幾乎都跟你無緣，因為機會從不等人！

我感嘆的說，我這幾年累積的資產，可不是等到沒事時，有足夠錢才去買的，幾乎每一次都是在沒足夠錢的情況下去訂的，俗話說「富貴險中求」，我總是設想著如果做這件事情，順利的話我可以得到什麼樣的好處以及結果，我能夠為自己創造多少的財富？如果這件事情不去做，萬一真的如預期的好，我會不會後悔呢？如果會後悔，那就趕緊去做！

同樣的，我也設想著最差的情況下是什麼？如果這最差情況真的發生時？我能不能承受，如果不能承受，我有沒有其他配套措施可以解決？如果不能解決，那我是不是有人可以協助呢？如果有人可以協助，那就去做吧！如果真的沒有配套措施以及其他人協助，那是否可以退一步打稍微安全的做法呢？如果有，那就別想這麼多，做就對了！說實在的就是有太多的人都是「思想的巨人、行動的侏儒」導致這一輩子總是一事無成！

　　過去一直以來，如果我跟每個人都一樣，都是必須等到「準備好」才去做，我現在肯定還是個無殼蝸牛，因為我每一次下手買房，沒有一次是準備好才去買的。

　　我的個性是，當我看到機會我就會馬上採取行動！而且是積極的行動！

　　這邊要跟各位補充分享的是：

　　缺「資源」，找資源；

　　缺「人脈」，找人脈；

　　缺「教練」，找教練；

　　缺「知識」，找知識；

　　缺「錢」，那就趕緊去找錢！就這麼簡單！

設想著最差的情況是什麼？能不能接受那個最差的情況？如果可以，剩下就是拼命的往前衝而已！想是問題，做才是答案，當你把所有的藉口理由拿掉，你就一定成功，「贏在執行力」。做事總是猶豫不決，你別想成功。

　　而這個關鍵成功特質，就是執行力，過去我常跟許多學生說，所有老師都可以教你成功致富的方法，唯一不能教的就是「行動」。

▎重點精華整理 ∙∙

1. 成功者之所以成功，是因為他具備了許多平凡人所沒有的成功特質。

2. 有太多的人總是習慣的為自己找一堆藉口跟理由！做事總是瞻前顧後、想東想西、猶豫不決、怕東怕西！說實在話，再好的幾乎都跟你無緣！因為機會從不等人！

3. 我總是設想著如果做這件事情，順利的話我可以得到什麼樣的好處以及結果，我能夠為自己創造多少的財富？

4. 如果這件事情不去做，萬一真的如預期的好，我會不會後悔呢？

5. 我也設想著最差的情況下是什麼？如果這最差情況真的發生時？我能不能承受，如果不能承受，我有沒有其他配套措施可以解決？

6. 有太多的人都是「思想的巨人、行動的侏儒」導致這一輩子總是一事無成！

7. 我每一次下手買房，沒有一次是準備好才去買的！

8. 想是問題，做才是答案，當你把所有的藉口理由拿
   掉，你就一定成功，「贏在執行力」。做事總是猶豫
   不決，你別想成功

09

先相信後看見

成功者先相信後看見，普通人先看見
後相信，失敗者看見了都不見得相信。

❖ 在追逐夢想的道路上，我們需要的是堅定不移的
心和堅持不懈的努力。有時候，不要總想著一行動就必
須要有結果，你之所以暫時還沒有結果，說明你還不夠
優秀，或是努力的方向還不對，還是你不夠相信，因為
只有夠相信，你才會全力以赴，全力以赴並堅持，才會
有機會看到你想要的結果。

成功的人是先相信後看見。普通的人是先看見後相信，失敗的人就算看見了都不見得相信，而你是屬於哪一種呢？

2007 年時，我從科技業的工程師轉戰傳直銷業，第一個月的收入 2800 元，經營了近 4 個月，單月收入從未超過 4000 元，這 4 個月我不斷的吃老本，最終迫於現實的無奈下，我只好選擇回到科技業上班，晚上繼續兼差做傳直銷！早晚兩份工作持續超過一年的時間，而我傳直銷的平均月收入仍然是不到 3000 元，你沒聽錯，是月收入不到 3000 元！我常在想，何不乾脆去麥當勞、便利商店打工呢？收入或許還會比這多很多？事實上，當時我已經開始在懷疑人生了！

我之所以還能繼續堅持下去，是因為我仍在軌道上聽課、運作以及學習，唯一支撐我持續下去的是那些站在台上成功者老師的收入與生活的樣貌，以及他們描繪出的夢想與願景！

我持續選擇的是「相信」，第二年因為找到了一些策略方法以及操作模式，我第二年月收入超過了一萬多

，第三年月收入突破了 10 萬元，第四年月收入突破了 20 萬！在我「雙贏 - 東西這樣賣，團隊這樣帶」這本書中有分享我收入之所以大躍進的方法！就這樣我在傳直銷五年下，也擁有了還不錯的成績！說實在的若不是我當初的先相信，又怎會看見這樣的結果呢？

同樣的在 2018 年，我進入了建設公司的領域！當時我身邊不乏好幾位擁有 3 ～ 5 間房的同事，甚至也有 10 間房以上的主管！我當時非常羨慕他們的狀態與生活！同樣經過一年時間我依然沒有成績，收入也持續掛零。

因為我相信擁有大量房地產，這結果是我要的。而我之所以還沒能夠擁有，是因為我還不夠優秀，也還沒找到一套適合自己的方法！所以後續的我，經過大量的學習與永不放棄的信念，最終也為自己累積 15 間房的資產，甚至超越許多比我還資深的房地產前輩！

在我人生最低迷以及最低潮時的那幾年，我常用「可憐之人，必有可恨之處」告誡自己！我之所以會有現況，就表示我過去一定自己做錯了什麼！甚至我是不是過去有哪些可恨之處呢？才會造就現今的我！所以我常

用這句話提醒著自己！我必須改變與突破！不然我永遠是那個可憐人。

之後我的狀態越來越好！生活與財富持續變得更好，授課過程中也發現到許多渴望成功的人，他們即使看見了，甚至我也證明給他們看了！但是他們都還是未必相信！有時還是經常雞蛋裡挑骨頭，並用質疑與對立的態度來跟我溝通，最終我接受妥協並選擇對他們的尊重，因為我沒必要為了改變他們的思維而影響自己的情緒，正所謂：「說給聽得懂得人聽，做給看得懂得人看」，這句話總是這樣提醒著自己，我是助人不是求人。

有時無意間聽到他們抱怨自己的收入、生活以及狀態時，我總是在想，他們是不是也就是屬於那種「可憐之人，必有可恨之處」呢？我不知道，至少我總是這樣提醒著自己，我不要成為那種人！

「相信」其實就是一種選擇，而決定我們一生的，還真不是我們有多努力，而是我們選擇相信！常有人言，沒有規劃的人生，那叫做拼圖，有規劃的人生那叫做藍圖；沒有目標的人生，那叫做流浪，有目標的人生，那叫

做航行！

　　圓規為什麼可以畫圓？是因為它腳在走、心不變。而你為什麼不能圓夢？因為你心不定、腳也不動。請記住:「先相信後才能看見！相信才有力量！」

▌重點精華整理 ···

1. 你之所以暫時還沒有結果，說明你還不夠優秀，或是努力的方向還不對，還是你不夠相信，因為只有夠相信，你才會全力以赴，全力以赴並堅持，才會有機會看到你想要的結果。

2. 我之所以還能繼續堅持下去，是因為我仍在軌道上聽課、運作以及學習，唯一支撐我持續下去的是那些站在台上成功者老師的收入與生活的樣貌，以及他們描繪出的夢想與願景！

3. 我相信擁有大量房地產，這結果是我要的。而我之所以還沒能夠擁有，是因為我還不夠優秀，也還沒找到一套適合自己的方法！

4. 在我人生最低迷以及最低潮時的那幾年，我常用「可憐之人，必有可恨之處」告誡自己！

5. 我沒必要為了改變他們的思維而影響自己的情緒，正所謂：「說給聽得懂得人聽，做給看得懂得人看」，這句話總是這樣提醒著自己，我是助人不是求人。

6. 沒有規劃的人生，那叫做拼圖，有規劃的人生那叫做藍圖；沒有目標的人生那叫做流浪，有目標的人生那叫做航行！

7. 圓規為什麼可以畫圓？是因為它腳在走、心不變。
   而你為什麼不能圓夢？因為你心不定、腳也不動。
   請記住:「先相信後才能看見！相信才有力量！」

10

自己的人生自己決定！

很多時候當自己缺乏專業判斷能力時
，便經常會讓家人朋友影響自己的選擇！

❖ 你是否常因「無法做決定時」，而尋求家人、朋友的意見呢？

❖ 你是否常因「缺乏專業的老師」，而不知道該如何下手呢？

❖ 你是否常因「準備做決定時」，卻因為家人、朋友的反對，而就此做罷呢？

回想在 2002 年時，剛出社會工作的我，因為工作賺了錢沒地方放，害怕錢放銀行，卻是越放越薄，於是聽從幾個朋友的建議，可以買個房置產，未來結了婚至少有個家住，當下聽完覺得蠻有道理的，就這樣跑去看了一間桃園 800 萬的全新透天。於是立馬詢問家裡人對於買房的看法，畢竟買房是一件終身大事，還是得先問過家人！害怕到時下錯決定（相信這是大部分人都會有的行為！）。

沒想到這一詢問下，全家人竟沒一個贊成我買房，理由是擔心我買了房，每月貸款、網路費、電費、水費、保險費……等負擔。導致沒有生活品質，且害怕我若被房貸壓得喘不過氣來怎辦？再加上擔心我後續若繳不出房貸，房子萬一被銀行法拍？（事實上台灣許多媒體多半都是這樣報導的，且負面新聞居多！），想想也對！我可不想因為買了房導致沒了生活品質。

過沒多久，又有朋友建議我，如果不拿來自己住，也可以買房投資當包租公，讓房客幫我繳房貸呀！我當下聽完又覺得挺有道理的！就這樣又跑去問家人的意見！結果這時家人再次的反對！他們指出說，你看有多少

房子租給房客，結果在裡面燒炭自殺的！萬一你的房子遇到這種狀況，萬一變成鬼屋怎辦（媒體負面新聞再次的影響了家人的思維）。

　　家人又再次表示，你看看，現在 SARS 疫情嚴重，再加上空屋率、少子化……等普世價值！再加上他們以過去房市的價格看現在的房價！覺得房子漲幅已經過多！隨時會有下跌的風險，建議我先不要急著買房，等房價下跌後再逢低進場便行！

　　就這樣的，以當時的我，對房地產完全沒見解也沒判斷力，更沒專業的老師指導！以致於我受到了家人、朋友的看法而影響我的決定！最後，我心想……既然如此，為了避免犯錯，那就乾脆選擇不碰房地產，就沒風險總行吧！

　　直到 2018 年我正式接觸房地產後！再加上經過專業的教練指導！當我開始試著去挑選物件時！就突然的好奇去查詢 2002 年時曾想購買的桃園透天實價登錄，沒想到該物件的行情竟已經來到了 2000 萬！

我心情沮喪地將這實價登錄價格跟家人抱怨，結果
……家人的回應是：「我哪知道呀！」，這是多麼不負責任
的答案呀！

　　我就抱怨說，你們當時不是說房價會下跌嗎？你們
不是說少子化、空屋率很嚴重嗎？叫我不要買房嗎？結
果呢？房價卻是越來越貴。

　　我能怪家人嗎？我只能怪自己當時對房地產的不瞭
解，沒有正確的判斷能力，所以無法要求他們補償我的
損失！

　　「點頭、轉身、走自己的路」是我這幾年對人生的一
種體悟，我對我家人朋友的意見我要尊重，但是我的人
生由我自己決定，所以我必須轉身對我的人生負責。因
為如果照著他們的意見去走，一旦發現當時的決定是正
確時，難道要把過錯歸咎於他人嗎？沒辦法的，所以我
的人生我自己負責。

　　如何對自己的人生負責呢？當然不是靠自己的直覺、
靠感覺，更不是賭一把！而是尋求最正確的資源與幫助。

　　什麼樣的資源，才是最正確的呢？

如果你想學羽球，當然是尋求那種在羽球界有一定成就的老師！

如果你想學股市，當然是尋求股市裡真正賺到錢且看得到的成功老師！

如果你想學房地產，當然是尋求這行業裡面，真正有賺到錢且成功的老師！

而不是找那種很會講，卻沒有實績的老師，你說是吧！

▌重點精華整理 ·····································

1. 當時覺得空屋率、少子化等日益嚴重……等普世價值！再加上以過去房市的價格看現在的房價！覺得房子漲幅已經過多！隨時會有下跌的風險，建議等房價下跌後再逢低進場便行！

2. 由於我對房地產完全沒見解也沒判斷力，也沒專業的老師指導！以致於我很容易受到家人、朋友的看法而影響我的決定！我心想，既然如此，為了避免犯錯！那就乾脆選擇不碰就沒風險沒錯吧！

3. 我無法把責任歸咎於他人，只能怪自己當時對房地產的不瞭解，沒有正確的判斷能力！更無法要求他們補償我的損失！

4. 「點頭、轉身、走自己的路」是我這幾年對人生的一種體悟！

5. 如果想學房地產，當然是找尋這行業裡面，真正有賺到錢，且成功有實績的老師！

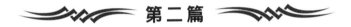

第二篇

看見真相

──學習有錢人的操作模式，是成為富人的唯一捷徑！

──同樣的支出總金額為 500 萬，但經過 15 年後，竟是 200 倍的差距。

──台灣富豪榜上的富豪，幾乎都跟房地產脫不了關係！

──股市裡面 10 個有 9 個是賠錢的，但是當中的 1 個卻是賺 9 個人的錢！

──你不買房：漲了你是輸家，不漲你還是沒家！

11

三個關鍵要素翻轉你的財富

　　你缺的不是能力，而是翻轉財富的機會！很多時候只要你能看懂機會掌握機會，再加上後天努力！成功只是時間問題！

❖ 你是否曾經因為認識什麼人，而改變你的命運？

❖ 你是否曾因為哪件事的發生，而醒悟你的人生？

❖ 你是否曾經因為哪段話，而改變你的思維？

❖ 你是否曾經因為換個環境，而影響你的性格？

❖ 你是否曾經因為哪本書，而開啟你的智慧？

2007 年的 4 月是我人生很重要的月份，因為這個月份讓我遇到開啟我智慧的人、事、物、環境以及書籍，而我徹底從窮人思維邁向富人思維！

　　也因為這一連串發生的事情，讓我的人生確定走向不平凡！

　　是什麼樣的人呢？我的國中同學「小業」，他是一個非常愛閱讀且有智慧的人。

　　相反的，我自從研究所畢業後，就一直待在相對封閉的科技業工廠工作，每天面對的不是機器設備就是廠房。

　　由於小業他自己是創業當老闆的人，所以他非常喜歡接受、新知識、新觀念的人。每當我休假時，我就喜歡會找他喝咖啡聊夢想，因為他經常會跟我分享現在外面流行什麼？目前有哪些商機？有什麼樣的機會？

　　我常用「聽君一席話，勝讀十年書」來形容他，很多想法和思維均是他帶給我的。

　　他也經常會跟我分享最近閱讀哪些書籍，而真正開啟我智慧的第一本書是「富爸爸商學院」，這本書最重要的觀念就是所謂的 ESBI 財富四大象限

E（Employee）：受雇者，俗稱上班族，他的收入型態為，用時間換取金錢，有做有沒做就沒有，一旦離職後，收入也將一切停止。這類型的人，在社會上約略佔63%的比例。

S（Self employed）：自由業者或自營商，俗稱為自己工作者，像是、醫師、律師、會計師、業務工作、自己開店做生意……等，有工作才有收入，有開店才有收入，這類型的人，在社會上約略佔33%的比例。

B（Business owner）：企業老闆，或是連鎖商店，利用他人的時間為他賺錢，打造一系統為自己工作，即使不上班也能有收入，這類型的人，在社會上約略佔2%的比例。

I（Investor）：投資者，讓錢為你工作，透過投資獲取利益，包含像是投資股市、企業、房地產……等。這類型的人，在社會上約略佔2%的比例。

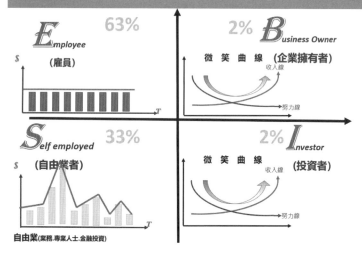

財富の四大象限

Employee （雇員） 63%
2% Business Owner
微笑曲線 （企業擁有者）

Self employed （自由業者） 33%
2% Investor
微笑曲線 （投資者）

自由業(業務.專業人士.金融投資)

　　左邊 ES 象限俗稱窮人，右邊 BI 象限屬於富人，要跨過這道鴻溝是非常困難的！除非要有機會和方法。

　　根據以上的觀念，我彙整出翻轉財富的三個關鍵要素：

　　OPT（Other People's Time）：利用別人的時間替你賺錢，要善用他人時間替你賺錢。

　　OPP（Other People's People）：利用別人的人脈或是用團隊賺錢。

　　OPM（Other People's Money）：利用別人的錢，替你賺錢，像是許多上市櫃公司、銀行均是用別人的錢替他

賺錢。

　　思考看看，你的工作或是你所使用的工具，是否符合以上這三個關鍵要素呢？如果有，恭喜你逐漸的成為富人。

　　如果沒有，那我們就應該去思考……如何做到呢？找教練？找環境？找機會？

▎重點精華整理 ···

1. 真正開啟我智慧的第一本書是「富爸爸商學院」，這
   本書最重要的觀念就是所謂的 ESBI 財富四大象限。

2. 翻轉財富的三個關鍵要素 OPT（Other People's Time）、
   OPP（Other People's People）、OPM（Other People's
   Money）。

3. 思考看看，你的工作或是你所使用的工具，是否符
   合以上這三個關鍵要素呢？

12

資本家的金錢遊戲

你無法成為有錢人，並不是你能力不
夠，而是你沒瞭解資本家是如何操控金錢
！學習有錢人的操作模式，是成為富人的
唯一捷徑！

❖ 過去一直以來，我們都知道要學習有錢人的思維
與做法，道理人人都懂，但是到底要怎麼做才能達到？

❖ 坊間太多的書籍與老師，都分享了許多觀念，但
是真正達到財富自由的又有多少人呢？如何做才能達到
真正的財富自由呢？以下這篇就要跟大家分享資本家的
金錢遊戲是什麼？

2018 年的 7 月，星宇航空張國煒董事長向空中巴士訂了 17 架 A350 客機，傳砸了將近 1800 億台幣，而媒體關心星宇航空的資金來源，張國煒董事長說，資金方面實收資本額為 60 億，符合這次新法的最低門檻。但他表示：「沒有人笨到把自己的錢拿出來」，這都是銀行的錢。因為每家航空公司都是跟銀行借錢出來，再來增資，並且讓有興趣的外資、本國企業進行投資。

　　是的，你沒聽錯「沒有人會笨到把自己的錢拿出來的」，因為所有的資本家、企業家都是這麼幹的！

　　2022 年國泰金負債比為 97.42％，富邦金為 94.65％，而鴻海集團負債比為 59.29％，全台灣沒有一個企業老闆是沒有負債的！而你的負債比有多少呢？

　　老一輩的家人，總說一句話「不借不貸一身輕」，不借不貸真的一身輕嗎？

　　網路上流傳一則有趣的數據說明：

負債 50 萬元：說明你瞭解金融商品

負債 100 萬：說明你有還款能力

負債 500 萬：說明你有房有車

負債 5000 萬：說明你有能力且生活有品味

負債 5 億：你一定是一家上市公司的老總

負債 0 的人： 基本上你應該是個一事無成的人

是的，負債越多的人事實上卻是越有錢的一群人，他們懂得運用負債變資產的一種道理！

一直以來，台灣老百姓都非常的喜愛存款，均會把錢存在銀行裡，而銀行每年給予老百姓的利息每年約為 1％左右，而銀行再把這些錢放款給資本家，收取約略為每年 3％的利息！ 3％減掉 1％等於 2％，銀行賺取的就是所謂利差與時間差。

而資本家把跟銀行借的錢投資企業、房地產、工廠或是系統，賺取約略 6％左右的年報酬！ 6％減去 3％等於 3％，資本家賺取的也是利差與時間差。

我們既然當不了銀行，那我們是否可以複製資本家的操作模式，讓自己賺取更多的財富呢？

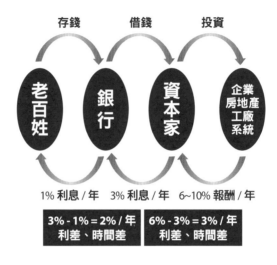

存錢　　借錢　　投資

| 老百姓 | 銀行 | 資本家 | 企業
房地產
工廠
系統 |

1% 利息 / 年　3% 利息 / 年　6~10% 報酬 / 年

| 3% - 1% = 2% / 年
利差、時間差 | 6% - 3% = 3% / 年
利差、時間差 |

以上這張圖說明銀行以及資本家是如何運作的。

我常跟許多課程上的學生說，既然我們打不贏銀行
或是資本家，那我們就選擇加入他們吧！跟著他們賺取
我們渴望擁有的財富，這你同意嗎？

┃重點精華整理 ┈┈┈┈┈┈┈┈┈┈┈┈┈┈┈┈┈┈┈┈┈┈┈┈┈┈┈┈┈┈┈┈┈

1. 學習有錢人的操作模式,是成為富人的唯一捷徑!

2.「沒有人會笨到把自己的錢拿出來的」,因為所有的資本家、企業家都是這麼幹的!

3. 負債越多的人事實上卻是越有錢的一群人,他們懂得運用負債變資產的一種道理!

4.「既然打不贏,那我們就選擇加入他們吧」,跟著銀行或是資本家賺取渴望擁有的財富!

.

13

4000 萬與 20 萬

時間無法重來，一次錯誤的選擇，將
就此拉開富人與窮人的差距！

❖ 我們都知道選擇絕對比努力重要，但是在當下很
多時候我們會因為身邊的人、事、物，而影響我們的決
定。

❖ 什麼樣的選擇是正確的，當下沒有人會知道，唯
有透過時間的驗證，才驚覺結果竟是如此的天差地別！

父母從小家境不好，只有初中畢業的他們，從木材五金生意開始做起！省吃儉用逐漸積累一些存款！生了我們三姊弟後，父母便無微不至的疼愛著我們！把過去他們未曾擁有過的東西，都滿滿的愛給予我們三姊弟！

　　由於母親一直很重視全家人住在一起的感覺，所以他一直非常反對我們買房！生怕我們買了房就會搬出去住！更希望全家人上上下下，祖孫三代都能住在這個家裡！

　　就在我唸專科，19 歲剛考上汽車駕照的我，母親由於希望我能住家裡每天通勤上下課！於是便主動承諾要買車送我，就這樣在我 19 歲時買下人生的第一台車，也是一台雙門跑車，就此開啟我對車的喜愛！

　　出社會工作後，計畫想買房，但是母親再次阻擋了我！多番勸阻我，放棄買房的念頭！不買房，那買什麼好呢？那就是男人的夢想「汽車」，我決定從上下車進出不方便的雙門跑車，換台舒適又大台的休旅車！就這樣前後工作 15 年，我陸續共換了 3 台百萬以上的進口車，購買總額約略在 500 萬左右，這些還不含保養、保險…

…等相關維修費用！

　　直到我 36 歲失去一段婚姻後，人生跌落到谷底時去廟口擺攤，由於我身上完全沒錢，又不想求助於家裡，為了需要現金做周轉，於是開始把身上還值錢的東西進行變現！第一個當然想到的是車子，卻發現我的車子殘餘價值，竟只剩下 20 萬左右！我一直以為的資產竟是如此的毫無價值！

　　我當然知道車子是會貶值，只是沒想到貶值的速度竟是如此之快！過去 15 年來花在車子上的金額超過了500 萬，最後變現時，竟只留下約略為 20 萬的現金！

幾年後跟一個朋友閒聊，他分享他自從出社會工作後，這 10 幾年來陸續共買了 3 間房，價格分別約略在 600 萬左右，三間合計價格約為 2000 萬，而他表示，這些房的頭期款，當初總共約略是拿出 500 萬左右！經過 10 幾年，這些房的貸款也差不多都繳清了（有兩間是租客幫忙繳的），而這三間房目前的總市值大約是在 4000 萬左右，什麼？4000 萬……我震驚了！

過去 15 年，同樣的支出總金額約為 500 萬，但經過 15 年後，一個是 4000 萬一個是 20 萬，竟是 200 倍的差距。這樣的事實比較，再次的讓我難過與痛心！早知道會是這種結果，當初我就不買車，也去買房就好了！真有這麼多……早知道嗎？

▌重點精華整理 ....

1. 我們都知道選擇絕對比努力重要，但是在當下很多
   時候我們會因為身邊的人、事、物，而影響我們的
   決定。

2. 一直以來我知道車子是會貶值，只是沒想到貶值的
   速度竟是如此之快！

3. 同樣的支出總金額為 500 萬，但經過 15 年後，竟是
   200 倍的差距。

4. 我們有這麼多的「早知道」嗎？

14

選擇真的比努力更重要

人生很難，做選擇更難，一次選擇將
會影響你未來人生的走向！

❖ 1980 年代台灣錢淹腳目，那個年代只要肯拼你就
有很大的機會發達致富，但是現代社會，卻是肯拼還不
一定能贏！大多時候必須來自於選擇！

❖ 選擇什麼樣的工作？選擇什麼樣的機會？選擇什
麼樣的伴侶？選擇什麼樣的環境？選擇交什麼樣的朋友
……等，因為一次正確的選擇，很有可能讓你翻轉人生
！也可能因為一次錯誤的選擇，而跌落萬丈深淵！

20 多年前，我有個專科同學跟隨他的父母，舉家一起到大陸經商做生意！並把台北市大安區近 60 坪的電梯大廈給賣掉，當時賣出的價格約為 1200 萬！他們變賣完台灣的家產後，浩浩蕩蕩的到大陸開始經商做生意！經過 20 年辛苦創業，他們也已經拼出超過 5、6000 萬的財富！直到 2018 年後因為中美貿易戰開打，他們就把大陸的生意結束掉搬回台灣。

　　於是他們全家去看一下當初在大安區居住的房子，要價竟超過了 7000 萬，他們突然開始懷疑人生，懷疑自己這二十年多年在外地辛苦打拼，到底是為了什麼？最終只好到淡水購買相較便宜的房子居住！那位同學曾跟我分享著，如果早知道台灣房價會漲成這樣！他當初就乖乖待在家裡就好，何必在外地辛苦工作打拼呢？

　　這樣類似的例子也再次的發生在我身上！2009 年時我當時也看中一間房，在中壢市中心的全新預售案，單坪售價為 14 萬，80 幾坪含車位也不過 1300 萬左右！當時我在傳直銷的年薪約為 200 萬，但是因為全家人再次的反對！我就錯失了那次買房的機會。

沒想到 2021 年時，這間房已經要價超過 3700 萬了！也就表示，這 12 年間增值超過了 2400 萬，等同我必須在傳直銷不間斷的經營並且領 12 年的年薪，且還得必須在不吃不喝的情況下，才能存到 2400 萬！早知如此！當初就買下那間房！放著等著 12 年，我幹嘛還這麼辛苦的打拼呢？

　　由於台灣房產的制度，以致於許多人會覺得努力賺錢的速度，竟永遠趕不上房價上漲的速度。有許多人總覺得「實業」比較實實在在，但是有媒體曾經報導指出，西門町店王，光一個月收租金就超過 3000 萬元，竟直接打趴了 70％上市櫃公司，且台灣富豪榜上的富豪，幾乎都跟房地產脫不了關係！

　　我這邊會跟大家分享這樣的案例原因，主要在說明，制度的重要性勝過一切，歐美國家不以土地制度剝削人民，所以他們致富的方式普遍就是創業，但在華人所在的區域，投資房地產卻是致富的捷徑。

　　過去我總是抱怨台灣房地產的不公平，但是抱怨有用嗎？

曾經有個前輩跟我分享:「既然我們無法改變制度，那麼乾脆就加入他們吧！」

　　不要跟制度對著幹，不然你就等著被制度幹，選擇真的比努力更重要！

重點精華整理 ···

1. 一次正確的選擇，很有可能讓你翻轉人生！也可能因為一次錯誤的選擇，而跌落萬丈深淵！

2. 如果早知道台灣房價會漲成這樣！當初就乖乖待在家裡就好，何必在外地辛苦工作呢？

3. 由於台灣房產的制度，以致於許多人會覺得努力賺錢的速度，竟永遠趕不上房價上漲的速度。

4. 台灣富豪榜上的富豪，幾乎都跟房地產脫不了關係！

5. 歐美國家不以土地制度剝削人民，所以他們致富的方式普遍就是創業，但在華人所在的區域，投資房地產卻是致富的捷徑。

6. 前輩跟我分享：「既然我們無法改變制度，那麼乾脆就加入他們吧！」不要跟制度對著幹，不然你就等著被制度幹！

15

為何不選擇股市作為理財投資工具？

投資工具百百種，股市算是相對進入
門檻低的投資工具。

❖ 台灣坊間投資工具像是，股票、保險、定存、基
金、期貨、債券、黃金……等，各有各的支持者，尤其
台灣最暢銷理財書籍，前幾名幾乎都是寫教人投資股票
的書籍，像是技術線型分析、炒股大全、輕鬆賺股息股
利……等。而房地產卻始終不是小資族會去考慮的理財
工具，因為人們始終覺得投資房地產是需要足夠的資金，
再加上房地產的變現性較差！故而選擇變現性快的股票
做為首選！

2002 年在我還沒接觸房地產以前，我是在科技產業工作，也是當時政府積極推動的兩兆雙星行業「面板業」，面板五虎也曾經紅極一時！我過去待過的公司像是大同體系的華映、明碁友達體系的明碁材料、力特光電等。由於這些都屬於上市櫃公司，且在當時都還蠻賺錢的！身邊的同事也都會買自家公司的股票！

　　由於我所在環境的關係，同事之間茶餘飯後的話題，多半是聊公司股票漲了多少、他們在股市裡賺了多少錢，就算當時我不懂股票，也都會被身旁的同事鼓吹，要我去證券市場開戶。他們總是提醒我說，阿昌，你可別把錢放銀行呀！錢只會越放越薄！於是我也跟著同事去證券市場開戶。

　　而這一開戶，就開始逐步的把一部份的錢放進股市裡，剛開始買個 10 萬，一個月竟能賺個 7、8 千的，覺得在股市賺錢挺容易的，想必不少人跟我一樣第一次買股，都有類似經驗吧！

　　由於嚐到了甜頭，只要電腦按個鍵（當時還未有智慧型手機），低點買進高點賣出，錢就進口袋了，這賺錢

的方法實在是太簡單了！

　　於是心中開始盤算著，如果我放個 100 萬，是不是一個月就可以賺個 7、8 萬的？若真是這樣，那這真的要比我當工程師一個月薪水還多耶！

　　但是往往事情不是傻人想得這麼簡單。這就像賭博一樣，當我越放越多時，卻是越陷越深的開始，股市的起起落落也讓我的投報率一直呈現負數，好心的營業員，為了避免讓我持續賠錢，又看我似乎還不懂股票，就開始教我如何看基本面、技術線型分析（KD、RSI、MACD、黃金切割……）、籌碼分析以及價量分析……等。

　　聽完營業員教導後，覺得這技術線型很準耶！看來是我發大財的機會了。為了更精進自己的股市專業，於是去書店買了許多跟股市有關的書籍，下班回家研究，這些書前後總共買超過上百本了吧，感覺比我念研究所時還認真。

　　書中作者也跟我們分享一個道理，就是在股市裡面10 個有 9 個是賠錢的，但是當中的 1 個卻是賺 9 個人的錢，所以你要讓自己成為那一個賺錢的人。

而我是那唯一的一個嗎？我深信是的，因為我要賺其他 9 個人的錢！

我就像賭徒進了賭場般，總是告訴自己，我非常人也，我絕對會是那唯一一個會賺到錢的人。（想必每個進股市或賭場的賭徒都是這樣想的吧，不然我們也不會一頭栽進去，你說是吧！）

就這樣我開始無法專心的在科技業上班，因為每天工作超過 12 小時，只是為了領五萬多的薪水，覺得賺錢速度很慢，也很浪費生命。再加上早上 9：00 開盤時，通常都是我在科技業開會的時間，上班時就只能偷偷看盤，累積幾年股市經驗再加上上班的存款後，我決定離職全心在家操盤。

甚至在離職前，還先去跟銀行做信用貸款，再加上手頭上的資金，約略超過了 500 萬，心想這樣的本金應該足夠了，算一算只要盤中隨便一兩根漲停板，就相當於一年的年薪。再加上為了賺更多錢，也嘗試做起了融資融券，就是要把槓桿開到極致，目的就為了一天可以賺進上百萬的財富，並快速的達到財富自由的目標。

聽起來很容易，做起來卻很困難。投資股市難的不是操作，而是心態，這段操盤期間，我不僅遇上了2008金融海嘯，更因為股市的上沖下洗，有時就算看準了方向，也經常被騙線被掃了出去，沒多久的時間讓我的存款腰斬再腰斬！

　　當我的錢剩下不到一百萬時，開始慌了，心想這樣實在很難回本。

　　於是又聽從網友的建議，花了10幾萬去跟某知名老師學期貨操作，做當沖，沒想到期貨來得快去得更快，用一百萬買了7、8口，經常也是一天被掃了100多點，一點200元，有時就這樣一天十幾萬又沒了。

　　甚至為了賭更大，決心留倉，賭晚上美股盤，期待台股隔天的開盤，結果整晚壓力大到不能睡，隔天希望自己能賭對方向，一次賺進上百點。

　　但是結果往往總是事與願違。幾年不到，從進場開始學股市，到沒錢退出股市，前後慘賠超過600萬，甚至因為投資股市壓力大的關係，身體健康也出了狀況，最後連婚姻也賠了！

經過多年後，我遇見曾經跟隨期貨老師的跟班徒弟聊到當時的狀況，他表示：很多老師其實看似很會教也很厲害，但其實老師他們自己並沒賺到錢，他們並不敢拿出全部的交易記錄給你看，反而這些老師僅有在開班授課時賺到錢。（相信這類事件大家都略有所聞吧！）

再來你也可以問問你自己開戶的營業員，因為他們是最接近市場面的，他們在股市裡有賺到錢嗎？反而很多營業員他們懂得很多，但卻也是賠最多的，很不可思議吧！因為太過接近市場面，反而很容易出現錯誤的判斷。

我不是反對大家把錢放股市，而我個人是覺得股市較適合的是中長期投資，然後慎選績優股，而我的母親是完全不懂股票，卻是難得在股票賺到不少錢的人。技術線型她基本上是完全看不懂，而她這一輩子也僅買過一檔股票，就是台積電，從民國 80 幾年台積電上市至今一路抱到現在，除非要幫我們繳大學學費，才會賣個一張兩張，不然她就是一路從 100 多抱到 60 多又抱到 500 多，完全都沒出場過，完全只靠台積電每年的的配股、配息過生活，我老媽常跟我說，我是台積電養大的孩子。

我並非全然否決掉股市這類投資工具，我覺得還是要看你投資股市的心態如何？以及做好進、退場的機制，而非像賭徒一般的瘋狂進出。

　　這些年我每次在演講中，常會問在場的聽眾，有誰是在股市裡賺到錢的呢？幾乎都很少人舉手，就算賺也都是小賺，賠的人卻是大部分。

　　我們既然都知道在股市裡賠錢的是多數，為何還是一堆人選擇進場做股票呢？因為進場金額不大，再加上變現性快，操作也比較簡單吧！看似賺錢容易，但實際操作下來若要賺到錢，卻有一定的困難度。

　　說來真的很奇妙吧！回想起來，初次在股市裡嚐到甜頭，反而不是件好事，如果初次就賠了，或許就不會把錢越丟越多在股市裡面了。

重點精華整理 ···

1. 台灣最暢銷理財書籍，前幾名幾乎都是寫教人投資股票的書籍

2. 股市操作，只要電腦按個鍵，低點買進高點賣出，錢就進口袋了，這賺錢的方法實在是太簡單了！

3. 股市裡面 10 個有 9 個是賠錢的，但是當中的 1 個卻是賺 9 個人的錢！

4. 作者投資股市壓力大的關係，身體健康也出了狀況，最後連婚姻也賠了。

5. 許多坊間股市老師僅有在開班授課時賺到錢，真正的自己操盤也未必獲利。

6. 營業員懂得很多，但卻也是賠最多的，因為太過接近市場面！反而很容易出現錯誤的判斷。

7. 股市建議適合的是中長期投資，然後慎選績優股。

8. 投資股市的心態如何？以及做好進、退場的機制，而非像賭徒一般的瘋狂進出。

16

房地產你是非買不可的 8 個理由

　　房地產的進入門檻高，是許多人望而
卻步的主要因素！但是有 8 個理由你仍必
須是非買不可！

❖ 我們都知道中國人有句俗語叫「有土斯有財」！

❖ 我們也都知道台灣其實大部分的有錢人都跟房地
產有關！

❖ 過去 20 年來，所有理財投資工具我都嘗試過也努
力過，唯獨真正讓我達到財富自由的卻只有房地產！

自 2004 年後，SARS 疫情趨緩，房價也逐漸的上漲，而房地產的高門檻，一直是我從不會優先考慮的投資工具，除非我是以自住為考量買房，不然我應該是完全不會考慮買房或是做投資的！

　　因為我會覺得，買房投資是一件很辛苦的事情，因為買房投資不僅要學習隔套出租、找水電師傅、木工師傅、還要找租客……等繁雜事情，再加上我對這方面又是門外漢！怕還沒開始收租，就被這些設計師、裝修工人給坑了一大筆錢了！

　　過去我也曾試著透過朋友引薦，去聽一些法拍或是中古屋改裝課程，聽完後發現，不僅要花不少錢學習，再加上又必須要有團隊以及工班幫忙！到最後真正能夠開始收租！又會是好幾個月後的事情。

　　還在裝修這段期間的房貸都必須自己負擔！將會造成我很大的壓力！平常上班工作，說實在的就已經夠忙了！還得搞這些，我哪有這麼多時間呀？就這樣我不太考慮買房投資這條路！

2018 年時，當我正式進入到房地產，跟著建設公司主管學習時！他跟我分享 8 個理由房地產我們是非買不可，當時我就很好奇，究竟是哪 8 個理由？房地產我是非買不可呢？

　　1. 成本上的考量：台灣土地因為稀缺性的關係，較接近市中心的土地越來越貴，營造成本以及原物料成本也越來越貴、人工薪資也不斷的上漲，當這些都持續上漲的情況下，你覺得房價有可能會越來越便宜嗎？

　　2. 銀行利息以及還款年限拉長：早期銀行利息 8％、9％，現在銀行利息 1％～ 2％，早期房貸只能貸 20 年，現在銀行都已經陸續推出 30 年甚至 40 年的房貸，月付金降低許多，如果未來一旦有銀行推出 50 年房貸，你也不要感到意外，因為銀行會說，就算你無法工作 50 年，但是你的孩子可以繼續幫你繳也沒關係呀！

　　3. 儲蓄：有人把錢存定存、有人把錢存保險、也有人把錢存基金或是股票，也有人把錢存在房子裡，經過 10 年 20 年，請問誰會比較有錢呢？

　　4. 對抗通貨膨脹：早期一碗牛肉麵 50 元，現在一碗牛肉麵 200 元，早期一碗滷肉飯 10 元，現在 50 元，當萬物皆漲的情況下，唯獨薪水不漲，所以把錢放在房子裡，是對抗通貨膨脹最好的方式。

5. 投資考量：房地產通常被許多人視為一種可靠的投資方式，房地產會隨著時間的推移，價值將會持續增加，從而實現資產的增值，所以房地產是許多有錢人一定會做的投資工具選擇！

6. 穩定的收入來源：許多人不斷追求的目標，就是財富自由，財富自由的定義就是，當你停止工作，你的收入卻仍持續不斷的流進來，所以許多人均會購買房地產，將其出租給租客，並從中獲得穩定的現金流。

7. 住的需求：對於那些需要安定住房的人來說，購買房地產是可以提供長期的住房需求，有一種安心以及安穩的感覺。

8. 財務保障：如果你擁有自己的房地產，他可以將其作為財務的一種保障，一旦有緊急情況或突發事件需要動用資金時，房地產會是你很好套現的工具，也是銀行最喜歡的擔保品。

以上是這建設公司主管跟我分享房地產你是非買不可的 8 個理由，聽完後，我完全發自內心的認同，並且徹底破除了我心中對房地產的誤解以及盲點！

最後他還跟我分享了一段名言——

你買房：漲了你是贏家，不漲你還是有家！

你不買房：漲了你是輸家，不漲你還是沒家！

這一段話徹底道破，房地產我們確實是非買不可呀！

┃重點精華整理 ....

1. 過去 20 年來，所有理財投資工具我都嘗試過也努力過，唯獨真正讓我達到財富自由的卻只有房地產！

2. 過去我覺得買房投資是一件很辛苦的事情，因為買房投資不僅要學習隔套出租、找水電師傅、木工師傅、還要找租客……等繁雜事情。平常上班工作說實在的就已經夠忙了！還得搞這些，我哪有這麼多時間呀？就這樣我不太考慮買房投資這條路！

3. 8 個理由房地產我們是非買不可「成本上的考量」、「銀行利息以及還款年限拉長」、「儲蓄」、「對抗通貨膨脹」、「投資考量」、「穩定的收入來源」、「住的需求」、「財務保障」

17

全台最強包租公

模仿以及觀察有錢人的思維與做法，
其實就是快速致富的捷徑！

❖ 你知道全台最強包租公是誰嗎？

❖ 你知道它每年光是收租金就打趴一堆上市櫃公司
的年營業額嗎？

❖ 無論你是個人或是企業的生意好不好，但是你每
年每月都不能不付租金給它

❖ 因為一旦你不付房租給它，它將會請你搬離！

❖ 就算你每年乖乖繳房貸，他還是有可能年年租金
調漲，甚至是隨時有可能收回！全台最強包租公是誰呢
？就是國泰人壽，它每年收租金就超過 100 億元

2018 年的 4 月，國泰人壽來函通知六福皇宮租約到期，將不續租，此新聞震驚各大新聞媒體報導，威斯汀六福皇宮將於 2018 年底熄燈，六福皇宮承租 20 年，付給國泰的房租，累計高達 80 億元。

　　隔年的 2019 年 4 月另一則新聞報導指出，國泰人壽竟是全台最強包租公，年租金收入達到 100.72 億元！國泰人壽除了素有「全台最大房東」之稱，國泰人壽在全台擁有超過 200 多棟的商辦大樓，國泰人壽在不動產與土地的投資金額就高達 4113 餘億元。

　　國泰人壽的租金收入也跟著水漲船高，從 2013 年的年租金收入約 69.54 億元，到現在年租金已上看百億元水準，5 年來累積租金收入就已超過 411 億元。

　　其他像是富邦人壽，租金收入 41 億元，新光人壽年租金 39 億元，南山人壽，租金收入 27 億元……等，整體壽險業投資用不動產租金收入總計近 253 億元，壽險業樂當包租公！

　　2019 年 6 月另一則新聞報導，「中華郵政成投資大戶

4 年砸近 280 億買房產」，在全國掃樓、獵地、買店面。根據實價網最新揭露資訊，3 月時中華郵政以 1.04 億元買進高雄市明華路逾百坪店面，為近期最新投資的房地產案例，中華郵政轉型後採取資產活化策略多元，持續大手筆砸上億元購入商辦店面、廠辦及工業用地等新資產，近 4 年累積砸下 300 億元投入房地產市場。

從上述案例你是否發現，當我們過去都習慣把錢存進銀行、郵局，或是購買儲蓄險、投資型保單的時候，每年它們給我們的報酬約僅是 1 ～ 3% 左右，接著他就會把我們的錢拿去購買房地產做投資，然後再把房出租給許多買不起房的人！如果房地產的投資沒有遠遠超過這 1 ～ 3%，那這些銀行保險公司賺什麼呢？所以聰明的你還會願意持續的把錢放銀行、郵局或購買儲蓄險、投資型保單嗎？

我們既然當不了銀行，也當不了保險公司，但是我們是否也可以模仿或是複製他的操作模式呢？或許你會說，我就是沒錢、沒能力、沒資源，要如何複製他們的操作模式呢？這就是為何我們要看書、上課、學習的重要性了！

▌重點精華整理 ⋯⋯⋯⋯⋯⋯⋯⋯⋯⋯⋯⋯⋯⋯⋯⋯⋯⋯⋯⋯⋯⋯⋯⋯⋯⋯⋯

1. 無論你是個人或是企業的生意好不好，但是你每年每月都不能不付租金給它因為一旦你不付房租給它，它將會請你搬離！就算你每年乖乖繳房貸，他還有可能年年租金調漲，甚至是隨時有可能收回！

2. 國泰人壽除了素有「全台最大房東」之稱，國泰人壽在全台擁有超過 200 多棟的商辦大樓，國泰人壽在不動產與土地的投資金額就高達 4113 餘億元。

3. 整體壽險業投資用不動產租金收入總計近 253 億元，壽險業樂當包租公！

4. 中華郵政轉型後採取資產活化策略多元，持續大手筆砸上億元購入商辦店面、廠辦及工業用地等新資產，近 4 年累積砸下 300 億元投入房地產市場。

5. 我們當不了銀行，也當不了保險公司，但是我們是否也可以模仿複製他的模式呢？

18

買房還要再等等？

在任何時候有人看好，也有人看衰，
沒有對錯，這只是一種選擇！

❖ 很多時候當我們缺乏一個專業的判斷能力時，這時出現的究竟是財神還是惡魔我們也不知道！最後乾脆選擇的是持續觀望，主要目的也是為了避免風險，而這一路觀望下去後，也就看著房價一路的上漲再也不回頭！就這樣越看越買不下去，最後只好索性乾脆放棄買房了！

在我課程中，曾經播放過一個這樣有趣的影片，是由藝人陳為民所擔綱的「瘋神日報」這樣的喜劇，劇中陳為民擔綱主編，問到負責財經新聞的阿虎，請你說明一下這次財經新聞下的什麼標題？這時阿虎說：我這次的下的標題是「未來房價恐下修，買房民眾還要再等等！」。

這時主編生氣的說，你有沒有搞錯呀！你下這種標題誰要看呀？我給你看看你歷年來寫的標題是什麼？

2006 年——「明年房價恐下修，民眾買房莫急躁」

2007 年——「房市過熱即將修正，民眾切勿著急買在高點」

2008 年——「房市恐有下修空間，民眾勿急」

2009 年——「明年政府新政策，買房可以再等等」

2010 年——「買房投資明年可，民眾切莫及下手」

你可不可以告訴大家，每年都不能買，每年都要明年買，我們民眾到底什麼時候才能買房呢？

阿虎表示：他的概念其實很簡單，就是希望民眾可以一直看他們的報紙，看到底什麼時候可以買房！什麼時候才可以進場？

看完這段喜劇後，有沒有覺得似曾相似的事情，其實一直是在我們身邊發生！

過去當我們準備進場買房時，就又會有人拿起這樣類似的新聞報導跟你分享說房價要跌了，等下跌後再來買！結果受到新聞報導的影響，而打住原本買房的計畫！但是普遍我們在媒體上看到的說法都是非常兩極的，有人說可以進場，也有人說不能進場！很多時候我們也不知道哪個答案是對的！

　　你之所以會因為不同的報導，而影響你的判斷，主要原因還是在於你對於房地產的專業與知識瞭解有限，再加上缺乏一個有經驗的房產前輩做指導，以致於你經常的會人云亦云而無法判斷！最終乾脆打安全牌，那就是「不碰」！

　　過去我在學習股票時，做股票有經驗的老師總是會提醒我們，千萬不要看電視或看報紙買股票，如果你照做，你肯定會賠得很慘！

　　另外素有房市空頭總司令之稱的張金鶚，他在 2016 年也再度開砲，預言房市至少連跌 5 年，每年跌幅 5% 到 10%，結果又是如何呢？

　　「點頭」、「轉身」、「走自己的路」是我每當遇到不同

聲音時，給自己的對話！我的人生，由我自己決定！

我有兩個選擇

1. 要嘛我們就把自己的專業提升到一個階段。

2. 要嘛我就只相信這個行業成功者或是專家。

不再聽信那些告訴你不能做，卻自己沒做過或是不專業人的意見！因為他們只會出一張嘴，並不會對你的未來負責！記住：「我的人生，由我自己決定」

重點精華整理

1. 很多時候當我們缺乏一個專業的判斷能力時，這時出現的究竟是財神還是惡魔我們也不知道！

2. 過去當我們準備進場買房時，就又會有人拿起這樣類似的新聞報導跟你分享說房價要跌了，等下跌後再來買！

3. 你之所以會因為不同的報導，而影響你的判斷，主要原因還是在於你對於房地產的專業與知識瞭解有限，再加上缺乏一個有經驗的房產前輩做指導。

4. 「點頭」、「轉身」、「走自己的路」是我每當遇到不同聲音時，給自己的對話！我的人生，由我自己決定！

5. 我有兩個選擇「要嘛我們就把自己的專業提升到一個階段」、「要嘛我就只相信這個行業成功者或是專家」。

第三篇

房地產的疑慮

——空屋問題一直是許多房市名嘴喋喋不休的話題，有人看漲也有人看跌，看漲的名嘴通常是少數，因為深怕被酸民所攻擊！

——少子化問題是否影響未來房市，一直是所有人爭吵不斷的話題！

——一直以來房地產的高門檻、高專業、複雜性與變現性差，是許多人遲遲不願意進入購買的主要原因！尤其變現性差更是令人詬病的主因之一

——市場常談「利率不升，房市不死」，真是這樣的嗎？

19

台灣房市空屋問題嚴重！
房市即將泡沫化？

「耳聽三分虛，眼見未為真」此寓意
為，若只靠眼睛看見的，可能只是表象，
道聽途說的，更不可完全相信。

❖ 空屋問題一直是許多房市名嘴喋喋不休的話題，
有人看漲也有人看跌，看漲的名嘴通常是少數，因為深
怕被酸民所攻擊，憤而被冠上帶頭炒房的吹哨人。看跌
的名嘴總是多數，因為買不起房的平民是多數，自然而
然這些房市名嘴，就喜歡投其所好的向著平民老百姓的
想法而分析，不僅會引起平民老百姓的共鳴，也會引起
他們更多的觀看數以及掌聲！但是這些名嘴表面上看衰
歸看衰，私下買房的還是持續在買！

2022 年 11 月，一則媒體報導指出「鬼城 2022 排行出爐！林三淡退位，龜山 A7、北屯十二期、中壢青埔取而代之」，根據最新全台各行政區「餘屋前十排行榜」出爐！根據台電低度用電資料，六都各行政區，過往被戲稱鬼城的林口、三峽被踢出十名之外，淡水則退居第七位。第一名是桃園龜山 3593 戶、第二名台中北屯 2580 戶、第三名桃園中壢 2488 戶。媒體報導指出，房市一旦反轉，新建餘屋將會對房市產生壓抑。再則根據內政部最新統計，2021 年下半年低度用電住宅（俗稱空屋）情形，全台共約 77 萬 6,452 戶。

2022 上半年六都新建餘屋數量排行榜

六都	行政區	新建餘屋戶數
桃園市	龜山區	3593
台中市	北屯區	2580
桃園市	中壢區	2488
桃園市	桃園區	2462
新北市	板橋區	2269
台中市	南屯區	2021
新北市	淡水區	2009
新北市	新莊區	1690
新北市	中和區	1385
新北市	三重區	1342

資料來源：內政部不動產資訊平台

　　以上為 2022 上半年，六都新建餘屋數量排行。相信當大家看到類似這樣的媒體報導時，肯定會對這些區域感到恐慌！過去 2、30 年來，空屋問題嚴重的區域一直是許多人探討以及擔憂的！昔日這些區域因新建房屋量大、點燈率偏低，因而被外界戲稱為「鬼城」。

　　一直以來在我的課程中總有許多學生納悶的問？台灣空屋這麼多，為何建商仍然持續的蓋房子呢？是「市場需求？」還是「不蓋房子沒事做？」

　　這時，依然有學生回應說：當然是「不蓋房子沒事做」呀！

　　難不成要這些建商改去賣牛肉麵不成？建商顧名思義，就是要蓋房子才叫做建商呀！

　　聽見這回答後，我笑著提問：請問建商是蓋房子會賺錢？還是蓋完房子，把房子賣掉才會賺錢呢？這時台下大部分的學生回應說：當然是把房子賣掉才會賺錢！因為建商蓋完房子若賣不掉，建商是會倒的，甚至還會變成爛尾樓！

　　是的，這時不少學生似乎聽懂了什麼！建商蓋房子，歸咎原因還是回歸到「市場需求」！

根據 2022 年內政部房屋稅籍統計資料顯示，全台超過 30 年屋齡的房屋有 51.09% 達 400 多萬戶，台北市有高達 71.98％是超過 30 年的老宅，位居六都之冠。更有超過 47.52% 的屋齡超過 40 年，高雄市與台南市的老屋也超過 5 成。

試問這些房子經過 10 年、20 年你還敢住嗎？而過去這幾年，凡發生地震倒塌與火災的，多半都是這些老房子！想必你不會想拿自己的性命開玩笑吧！這些數據顯示，政府、建商均看見都市住宅的老舊換屋需求迫切，而唯獨老百姓卻忽略這點了！

台灣人口雖然已呈現負成長，但因經濟與社會結構性的改變，再加上近幾年台灣人居住習慣，已從早期的透天、四房，到現在的三房、兩房，小家庭分戶狀況越趨明顯，而多數人結婚後就會搬出去住，原本戶口數多為 3 ～ 4 人，現今最多的是 2 ～ 3 人。此外再加上離婚率偏高，不婚族、獨居人口變多等家庭因素，都可能刺激需求轉化，反造成家戶數持續增加，再加上政府積極推動都更、危老以及環境的改善，也加速去化空屋的問題。

時過境遷，昔日被稱「鬼城」的地方，在餘屋順利消化後，再加上政府建設、以及民間投資陸續兌現，房價重啟飆車模式，當初笑「鬼城」的人，笑著笑著就哭了。

所以我經常在課程中跟學生分享的是，一個新的重劃區演化通常會分成三階段

第一階段「政府造路」：政府在這個地方開始規劃交通建設、捷運、高速公路……等。

第二階段「建商造鎮」：這階段建商陸續開始進入造鎮蓋房子，這階段工地黃土紛飛，生活機能不便，也還很荒涼。我有時還開玩笑的說，這階段尚屬於狗比人還多階段。

第三階段「財團造市」：此階段，銀行、便利商店、商家、百貨公司等逐步進駐，這時商圈開始逐漸的活絡起來。

過往的經驗來看，房價通常最低會是在「政府造路」階段，而一般民眾多半都什麼時候會進來呢？多半都會

是希望在生活機能已經活絡起來時的「財團造市」階段才會陸續進來。而這時也是房價最高的階段！

政府
造路
建商
造鎮
財團
造市

◎重劃區房市演化三階段

　　根據統計，目前台灣空屋比率小於 6% 者，多屬於六都行政區，而空屋率大於 20％者，則多屬於較偏遠的鄉鎮市區。其最主要的原因是城鄉間的經濟發展程度上的差異。

　　最後我想跟各位分享的是，判斷房市的依據，我們必須抱有專業的精神，不要只看表面就信以為真，俗話說:「窮人思眼前，富人思來年」

■ 重點精華整理 ··

1. 空屋問題一直是許多房市名嘴喋喋不休的話題，有人看漲也有人看跌，看漲的名嘴通常是少數，因為深怕被酸民所攻擊！憤而被冠上帶頭炒房的吹哨人！

2. 過去2、30年來，空屋問題嚴重的區域一直是許多人探討以及擔憂的！昔日這些區域因新建房屋量大、點燈率偏低，因而被外界戲稱為「鬼城」。

3. 建商蓋房子，歸咎原因還是回歸到「市場需求」。

4. 台灣人口雖然已呈現負成長，但因經濟與社會結構性的改變，再加上這近幾年台灣人居住習慣，已從早期的透天、四房，到現在的三房、兩房，小家庭分戶狀況越趨明顯

5. 此外再加上離婚率偏高，不婚族、獨居人口變多等家庭因素，都可能刺激需求轉化，反造成家戶數持續增加，再加上政府積極推動都更、危老以及環境的改善，也加速去化空屋的問題。

6. 時過境遷，昔日被稱「鬼城」的地方，在餘屋順利消化後，再加上政府建設、以及民間投資陸續兌現，

房價重啟飆車模式，當初笑「鬼城」的人，笑著笑著就哭了。

7. 重劃區演化通常會分成三階段「政府造路」、「建商造鎮」、「財團造市」

8. 判斷房市的依據，我們必須抱有專業的精神，不要只看表面就信以為真，俗話說:「窮人思眼前，富人思來年」

20

少子化問題將影響房市？

房子的剛性需求來自於人口，人口減
少房價勢必下跌？

❖ 少子化問題是否影響未來房市，一直是所有人爭
吵不斷的話題！有些人會覺得少子化將會影響未來房價
走勢，因為供需將嚴重失衡。但也有些人認為，少子化
雖然會影響未來的供需，但還是要看時間點，是現在受
影響？還是 20 年後？或是 30 年後才會受影響呢？另外
我們需要再探討的是，影響的層面是否有區域上的差異
呢？

我國育齡婦女生育率自 1998 年首度跌破 1.5 以來，一路呈現下滑的趨勢，2010 年甚至低至 0.895，2021 年總生育率來到 0.975，出生人口數更跌破 16 萬人。內政部 2020 年公布人口統計，1 月至 12 月出生人數 16 萬 5249 人，創歷年新低；死亡人數 17 萬 3156 人，死亡人數超過出生人數，臺灣人口首度呈現負成長。少子化儼然已成為台灣的未來，一去不復返。

接下來我們就必須來觀察人口負成長、少子化，房屋需求應該會減少，房價應該是下跌的趨勢做探討？但這件事情為什麼一直沒有發生？其很大一部分原因，跟銀行這個角色有很大的關係！因為銀行承貸的關係，買房子通常需要貸款，銀行就會針對可貸款的金額進行估價，估價的高低，有一個很重要的影響因子，就是房屋的耐用年限。

銀行會因為 40 年以上的房子，依照建物耐用年限的原則，放貸成數較低，甚至無法貸款，願意買而且能拿出全額現金的人很少。所以在供需上，算是「死」的供給。房子雖然看似存在，但少了銀行的幫忙，就算想買也很困難。所以在 2019 年之後，屋齡低於 20 年「可以

買賣的房子」，首度少於屋齡高於 40 年「不容易買賣的房子」。房屋市場跟你想得不一樣，真正可以被買賣的房子，因為持續減少，資金追逐下，就會越來越貴。

而覺得未來人口減少，房子供給量將會太多，所以長期來看房價會下跌的論點。是因為大家都把每間房子視為相同的金融商品，一戶人配一間房子，看看房子比較多還是人比較多，就決定房價的上漲和下跌。這樣的假設前提是完全忽略了銀行體系在房地產交易的重要性，而只討論了需求面，沒考慮到供給面。當銀行不願意貸款的房子，是根本無法交易的，故不能稱為供給。

或許有人會說，那我就都住爸媽留下來的房子就好，幹嘛還出去買房子呢？事實上房子一旦舊了，再加上漏水如果一直修不好，你還會想住舊房子嗎？勢必會搬出去找新房子住是吧！。

因此，舊房子將會持續的退出交易市場，即使人口持續減少，適合且可以被買賣的房子，也在減少中。

另外還有人口遷徙問題，在課程中我常問到學生說，

你們覺得鄉下人生的孩子比較多，還是都市人生的孩子比較多呢？許多學生會直覺的認為應該是鄉下人生的小孩比較多吧！因為他們認為鄉下的經濟負擔比較小，且鄉下比較無聊沒事做！而都市人因為工作步調快，加上生活、工作負擔壓力大！造成許多都市人不願意生小孩！所以會認為鄉下人生的小孩比較多！答案看似如此，所以鄉下房價要漲，都市要跌嚕？

實際上鄉下的孩子長大後到都市去唸書，畢了業通常就會留在都會區，因為偏鄉工作上的選擇並不多，薪資上也會有落差，以致於多半年輕人畢了業並不會因此回到出生的地方工作，而是選擇留在都市！這就造成了遷徙的問題！全台灣少子化，並不代表每個城市都少子化，關鍵是「人往哪個方向去」才是！故而區域人口變化的不同，需求仍大的都會區和產業成長的區域，仍可維持一定的房屋需求。

以上論點就是人口負成長，房價看似應該會下跌，實際上卻一直都沒發生的真正原因了。

▋重點精華整理 ···

1. 少子化雖然會影響未來的供需，但還是要看時間點，是現在受影響？還是 20 年後？或是 30 年後才會受影響呢？

2. 人口負成長、少子化，房屋需求應該會減少，房價應該是下跌的趨勢卻未下跌？其很大一部分原因，跟銀行這個角色有很大的關係！

3. 銀行會因為 40 年以上的房子，依照建物耐用年限的原則，放貸成數較低，甚至無法貸款，願意買而且能拿出全額現金的人很少。

4. 而覺得未來人口減少，房子供給量將會太多，所以長期來看房價會下跌的論點。是因為大家都把每間房子視為相同的金融商品，一戶人配一間房子，看看房子比較多還是人比較多，就決定房價的上漲和下跌。

5. 全台灣少子化，並不代表每個城市都少子化，關鍵是「人往哪個方向去」才是！故而區域人口變化的不同，需求仍大的都會區和產業成長的區域，仍可維持一定的房屋需求。

21

房地產的變現性差是缺點？

很多事情看似缺點也看似優點，端看你用哪個角度去做分析

❖ 一直以來房地產的高門檻、高專業、複雜性與變現性差，是許多人遲遲不願意進入購買的主要原因！尤其變現性差更是令人詬病的主因之一，因為買賣不僅需要找仲介，還需要數週甚至數月的時間進行交易，再加上手續複雜，以及租客管理的問題！而在收租過程中，還會有可能會有空租的問題！即使物件順利賣出，又會有稅金、手續費、管理費……等支出，實在是太麻煩，也太耗時了！

過去 20 年來，就以理財投資工具選擇來說，我喜歡股市更甚房地產！因為股市只需要當天開完戶，然後請營業員協助將股票軟體安裝好，然後把錢放進去後，就可以馬上進行操作，基本上只需要學會如何買進和賣出，賣出後三天就可以拿到錢了！這樣的操作方式既簡單又輕鬆！根本不需要像房地產投資一樣搞得這麼複雜！你是不是也是這樣想的呢？

　　但是真正讓我達到財富自由的……卻是房地產！

　　以下是我這幾年在的房地產實際購入的狀況：
　　2018 年 6 月，我買進了一間中壢青埔的房，總價在 1000 萬！目前實價登錄約略在 1500 萬左右，漲幅近 500 萬，尚未售出。
　　2019 年 9 月我又加買了同樣中壢青埔社區的房，價格在 1100 萬，目前實價登錄也在 1500 萬左右，漲幅約為 400 萬，尚未售出。
　　2019 年 12 月，我買進中壢市中心 2 房，價格在 800 萬，目前實價登錄在 1100 萬左右，漲幅約為 300 萬，尚未售出。
　　2020 年 2 月，我再次買進中壢市中心 2 房，價格在

820 萬，目前實價登錄在 1100 萬左右，漲幅約為 280 萬，尚未售出。

2020 年 5 月，我買進桃園八德 2 房，價格在 700 萬，目前實價登錄在 980 萬左右，漲幅約為 280 萬，尚未售出

2020 年 6 月，我買進中壢市中心雙套房，價格在 850 萬，目前實價登錄在 1100 萬左右，漲幅約為 250 萬，尚未售出。

2020 年 6 月，我買進平鎮市中心 3 房，價格為 1680 萬，也是我的第一間自住房，目前實價登錄在 1900 萬左右，漲幅約為 220 萬，尚未售出。

2020 年 7 月，我買進平鎮市中心 2 房，價格為 670 萬，目前實價登錄在 900 萬左右，漲幅約為 230 萬，尚未售出。

2020 年 7 月，我同月買進兩間中壢青埔 3 房，價格分別為 1400 萬與 1500 萬，目前實價登錄約為 2100 萬，漲幅分別為 700 萬與 600 萬，尚未售出。

2021 年 5 月，台灣疫情嚴重，我買進中壢市中心雙套房，價格為 900 萬，目前實價登錄在 1100 萬左右，漲幅約為 200 萬，尚未售出。

2021 年 9 月，我買進楊梅，價格在 670 萬，目前實

價登錄在 720 萬左右，漲幅約為 50 萬，尚未售出。

2022 年 5 月，我買進楊梅，價格 720 萬，尚未有漲幅，也尚未售出。

2022 年 6 月，我買進楊梅，價格在 1300 萬，尚未有漲幅，也尚未售出。

2023 年 1 月，我買進新竹市中心，價格在 1600 萬，尚未有漲幅，也尚未售出。

以上 15 間房，在不含租金收入情況下，這些房的漲幅獲利，已經達到近在 4000 萬左右。而這 4000 萬對我們一般老百姓，究竟要存多久呢？

重點是……我啥都沒做，我只是單純的把錢就放在房地產上而已！

或許你會說，等我賣了還要繳稅，等扣完稅未必可以賺這麼多！

當然這篇不是要跟各位探討這問題……

主要分享的心得是，你不會因為房子一坪漲個一、兩萬，你就把房子給賣了！因為大部分的人都會想說，反正只要放著有穩定租金進來就行！就這樣，很常不知不覺一放就是 5 年、8 年、10 年的，這一放，反而波段

性的增值是看得見！

尤其現在因為房地合一 2.0 的關係，許多人為了避免被課重稅，一般都會放 5 年以上，而通常這一放，獲利都是很可觀的！俗話說：「真正的大錢是等待來的，絕非短暫的買進賣出！」

以上房地產的變現性差，看似是缺點，其實也是優點！因為波段性的大錢，反而是賺得到的。

▌重點精華整理 ···

1. 一直以來房地產的高門檻、高專業、複雜性與變現性差，是許多人遲遲不願意進入購買的主要原因！尤其變現性差更是令人詬病的主因之一

2. 過去 20 年來，就以理財投資工具選擇來說，我喜歡股市更甚房地產！但是真正讓我達到財富自由的……卻是房地產！

3. 以上 15 間房，不含租金收入情況下，這些房的漲幅獲利，約略在 4000 萬左右。這 4000 萬我們一般老百姓，究竟要存多久呢？

4. 「真正的大錢是等待來的，絕非短暫的買進賣出！」，因為房地產的變現性差，看似是缺點，其實也是優點！因為波段性的大錢反而是賺得到的。

22

升息是否影響未來房價

刀有兩刃，端看如何使用？倘若用得不好，可能反而成了雙輸的結果！

❖ 市場常談「利率不升，房市不死」，真是這樣嗎？

❖ 大家試著想想！央行持續升息，會產生什麼樣的結果呢？房價真的可能因此下跌嗎？

2022 年，美國聯準會持續升息，許多老百姓均期盼著房市能因為升息的關係下跌而買得起房！經過一年的升息，房市是否真的下跌了呢？從這短短一年的數據還看不出明顯的端倪！但是我們可以先瞭解看看，升息會產生哪些結果呢？

　　首先銀行利息變高了，那麼大家是否可能會想把錢存放銀行了呢？

　　當大家都把錢存放在銀行，那麼銀行支付利息的壓力是否會變大很多呢？

　　再來資金活水是不是就不進股市了呢？

　　當錢都不進股市，是否會造成股市下跌呢？

　　上市櫃企業老闆在股市裡面籌措資金是不是就不容易了呢？

　　當所有企業跟銀行的借貸利息是不是也會變高了呢？

　　企業的利潤是否因此下滑？

　　當企業利潤下滑？上班族的薪水會增加還是減少？

　　當上班族薪水減少，是不是就更買不起房了！這是所謂的連鎖效應！

　　所以我想說的是，當大家鼓掌叫好大幅升息才有可

能造成房價崩跌時，是否想過，大幅升息對台灣經濟影響真的是好事嗎？

這時許多人就會問，可是若房價不降，可悲年輕人真的就永遠都買不起房了不是嗎？我相信不是的，事實上還是有其他可行方法，只是你不知道而已

另外我們先來試算看看！

未升息前，假設房貸 1000 萬元，20 年期房貸計算，每月本利攤，利率大概是 1.35％上下，目前他每個月的房貸負擔大約會落在 47,568 元。若是央行升息 1 碼，1 碼就是 0.25％，承擔的房貸利率來到 1.6％，每個月大概增加 1,148 元房貸，如果你是有房族，你會因為每月增加 1148 而急著把房子賣掉嗎？

如果你是包租公，你每月增加的利息，是否會轉嫁到租金上，還是乾脆也把房子賣掉呢？一個月增加 1148，相當於每年增加 13776，10 年下來也不過增加 13 萬 7760 元，對於房地產 10 年後的增值，只是尾數而已！

所以你覺得升息真的會造成房價下跌嗎？
真的會造成有房族恐慌性出脫嗎？還是究竟要升息

到多少！才會導致房價下跌呢？

　　當我正在撰寫這篇內容時，近期因為歐美銀行陸續暴雷，聯準會迎來了過去的暴力升息週年到現在。金融機構開始拉警報，矽谷銀行先陣亡，歐洲體弱多病的瑞士信貸則是送入加護病房。台灣的壽險公司已經苦熬了一年，這次有很多大型金控公司配不出股息。而企業的去庫存壓力正要開始，像巨大，去年第三季每股獲利 5.12 元，第四季剩 0.5 元。暴力升息的後座力，正開始顯現！

　　我們先不管升息是否真能讓房價下跌，但是就目前所見，升息反而影響的層面要多過於期待房價下跌！以上觀點這你同意嗎？

▎重點精華整理 ··

1. 當大家鼓掌叫好大幅升息才有可能造成房價崩跌時，是否想過，大幅升息對台灣經濟影響真的是好事嗎？

2. 金融機構開始拉警報，矽谷銀行先陣亡，歐洲體弱多病的瑞士信貸則是送入加護病房。

3. 升息造成，有很多大型金控公司配不出股息。而企業的去庫存壓力正要開始。

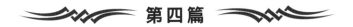

第四篇

釐清房價上漲原因

——抱怨能解決問題嗎？你必須先釐清造成房價上漲的原因有哪些？

——許多看似正確的政府決策，由於缺乏換位思考與現實面的多方考量，竟也成了助漲房價的元兇！

——危機來臨時，就必須把握財富重新分配的機會。

——「換位思考」是許多人經常忽略掉的事情，房價上漲跟你我之間，其實都脫不了關係。

23

房價為何不斷上漲？

抱怨能解決問題嗎？你必須先釐清造
成房價上漲的原因有哪些？

❖ 炒房話題，似乎已經讓許多老百姓覺得這是邪惡
資本家，貪得無厭的作法，抱怨這些資本家就是要從平
凡老百姓的弱點，獲取最大的利益！甚至痛恨那些房產
投資者！讓許多老百姓越來越買不起房！貧富的差距導
致富者越富，窮者越窮！

41 歲時，在我還不懂房地產前，總覺得這些有錢人真的很可惡！為何要把房地產越炒越高，搞得我們這些平凡老百姓越來越買不起房！

爸媽曾跟我分享，在他們 70 年代時，他買一棟市中心透天雙門牌店面，只需要 600 萬！而現在的 600 萬，卻只能買 20 坪一房一廳連車位都沒有的電梯大樓！

爸媽說，他們以前做生意，只要肯努力打拼，兩三年是可以全款買一間房的！但是到了我們這年代，上班族卻得不吃不喝 10 幾年才能買得起一間房！他也體悟到我們這一代年輕人的辛苦！

過去我每次看電視新聞報導時，總是厭惡這些投資客，也抱怨這個社會的不公平，台灣政府在搞什麼！為何要縱容這些有錢人進行炒房！炒到大家都買不起！甚至一直期待房地產能夠泡沫化、政府能幫助我們實現居住正義……等。甚至期待政府能把這些炒房客，通通抓到監獄去關，懲罰這些炒房族。就因為他們，害得我們這些老百姓買不起房！

就這樣，不知不覺我也抱怨了 20 年，結果有改變嗎？房價有因此下跌嗎？居住正義了嗎？沒有……房價反

而上漲的更厲害！2000年到2018年，不少地區房價甚至上漲超過2倍甚至4倍的！

讓我更心灰意冷，心想……既然都買不起房了！那就乾脆繼續窩在老家跟爸媽住就行，等哪天爸媽上天堂後，就直接繼承家裡的老房就行！幹嘛這麼辛苦的去買一間房，背房貸呢？說到這……你過去是否也有跟我相同想法呢？

直到4年多前透過朋友的引薦，認識一位建設公司主管，跟我分享了他對房地產的見解後，重新開啟了我對房產的認知！

剛坐下來時，我便先跟他抱怨這些房產投資客的惡言惡行！抱怨台灣政府的無能！抱怨完後，他反問我以下幾個問題！

他問我說，政昌你希望政府積極打房嗎？

我說：這是當然的！不然我們老百姓都買不起房了！

他說：你知道台灣有兩大經濟指標，一個是股市另一個就是房市嗎？

我說：這我約略瞭解！

他試問我：台灣股市倘若不好，你覺得政府救不救？

我說：肯定要的，因為台灣許多上市櫃企業都是靠股市來套資金擴廠做生意的！

　　他說：那同樣的，台灣房市不好，政府救不救？

　　我說：這我就不清楚了。

　　他說：政府一定要救，因為房地產牽扯的行業實在太多了！

　　蓋一個房子需要什麼？鋼筋、水泥、家具、家電、銀行、燈具、裝潢、木工、水電、地磚……等，上百行業都跟房地產息息相關！

　　一旦房市不好，鋼筋、水泥、家具……等行業受不受影響？一旦這些行業受影響，員工薪資受不受影響？員工薪資受影響，請問餐飲、服務業、旅遊業受不受影響？本來說好全家準備慶生，要去吃王品台塑牛排的，因為沒了加班費！只好改吃夜市牛排！

　　原本預計領了年終獎金要出國旅遊的！結果因為公司沒訂單沒加班費，年終獎金也沒了！只能在家看Discovery 了！

　　當這些建設公司開始不蓋房子了！這些行業也全都受到影響了，也間接將會造成百業蕭條！這你同意嗎？

　　聽到這，你還希望政府積極打房嗎？

另外房價的上漲有一部份是因為土地、原物料、人工成本的上漲，也造成房價的上漲！

如果真要說房價是被炒出來的，那你怎不罵那些賣牛肉麵的業者呢？他們其實也在炒牛肉麵不是嗎？

我說……

他表示，牛肉麵上漲的關鍵是因為租金、牛肉、麵粉、水、電、瓦斯、人工薪資……等上漲，導致牛肉麵的價格必須調漲！總不可能因為這些上漲，卻還要求牛肉麵必須回到以前的一碗 50 元是吧？說到底，房價的上漲真的完全怪罪於投資客的炒作嗎？

他表示：我不全然否認確實有一部份是投資客的炒作行為，但造成房價上漲的原因其實百百種！包含政府的政策、媒體炒作、建商成本、人性的貪婪、地主……等。

聽完他的一席話後，我徹底的閉嘴了！也逐漸瞭解造成房價上漲的原因有哪些了！我很感謝這位建設公司主管，讓我一次瞭解房價上漲的原因！

▌重點精華整理 ··

1. 抱怨能解決問題嗎？你必須先釐清造成房價上漲的原因有哪些？

2. 這 20 年來不少地區房價漲幅已經超過原來的房價的 2～4 倍的！

3. 台灣有兩大經濟指標，一個是股市另一個就是房市！

4. 蓋一個房子需要鋼筋、水泥、家具、家電、銀行、燈具、裝潢、木工、水電、地磚……等，上百行業都跟房地產息息相關！

5. 當這些建設公司開始不蓋房子了！這些行業也將全都受到影響，也間接會造成百業蕭條！

24

實價登錄才是助漲房價的元兇

> 邏輯上看似正確的政府決策，由於缺乏換位思考與現實面的多方考量，竟也成了助漲房價的元兇！

❖ 政府在 2012 年實施實價登錄，其美意是為了讓不動產交易價格全面透明，避免買賣有資訊上的落差，造成交易時買賣雙方權益受損，因此政府全面推動不動產交易或租賃後，成交價格與標的資訊均必須全面進行登錄。

問：政府還沒推出實價登錄前，你是怎麼決定買賣的價格呢？

答：就問問該物件附近的鄰居，或是多問幾個仲介，瞭解一下這房子可能的價格！

問：政府推出實價登錄後，你買房會看實價登錄嗎？

答：當然會呀！我可以知道仲介或是屋主是不是亂開價！避免我被當盤子買貴了！

問：你賣房也會看實價登錄嗎？

答：當然也會呀！我想知道我手上這間房可以賣在什麼價格？我可以拿回多少錢或是賺多少嚕！

說來慚愧，我是直到 2018 年 5 月，才正式接觸房地產，跟許多前輩老師比較起來，我確實還嫩了不少。我曾詢問過房地產的前輩，他們在沒實價登錄時是如何進行交易的？

前輩們表示，只能憑感覺，然後打心理戰，賣方急了，價格就降下來了，買方急了，價格就上來了。由於價格並未透明化，所以彼此間都在猜測雙方間可接受的價格，所以很多時候就很需要銷售與殺價的技巧了。

另外銀行估價貸款也是很重要的參考依據！銀行估

價越高，代表這個房子買得夠便宜，以前貸款沒有所謂的幾成問題，只有當送銀行估價時，自備款很低時，表示買方買到的價格算不錯！

而實價登錄上路後，看似為了讓不動產交易價格全面透明，避免買賣間有資訊落差！造成交易時買賣雙方權益受損！但是卻也成了許多「賣方」很重要的參考依據！我這邊特別強調的是「賣方」唷！是因為房價助漲跟「賣方」有息息相關了！

我舉個例子來說好了！實價登錄實施後，如果你有房子要賣，你的價格會如何去做設定？相信所有人一定先做一件事情就是上實價登錄網站，查詢該區域近期成交的價格！依照最高成交價做上下幅度的微調！

倘若視野或樓層相對漂亮的，價格就往上加一點，樓層視野稍差的，價格就往下減一點！甚至乾脆用同樣最高價錢或更高價錢先給仲介賣看看！仲介一旦給他幾個月時間真賣不動之後再做調整！萬一不小心仲介很給力竟賣出了，且創下該社區新高價！那屋主不就賺到了！

因為一般人對於房地產的概念就是，放得越久越有價值！尤其好的地段，畢竟土地的稀缺性，再加上同一個地段同一戶型和樓層均無法複製！固然就容易讓賣方坐地起價！畢竟沒人會笨到賣價一開始就設定該區域最低價！因為這就是人性的貪婪！能賣高，誰會想賣低，你說是吧！

同樣的在預售屋上也會有類似相同的狀況發生。過去我們在購買預售屋，建商之間都必須等到房子蓋完過戶交屋後，才知道售價！所以建商的售價都會是用成本加上建商利潤去計算！現在基本上還沒動工，只要簽約完成，隔月就會上實價登錄，其他建商就會知道售價了！

舉例來說，同個區域先開賣的 A 建商，當他計算成本與利潤後，開案售價為 30 萬，當 30 萬順利賣出後，由於每賣一筆，下個月實價登錄就會登錄！

此時同區域後面才開案的 B 建商，即使當初的利潤加上成本只要 25 萬，他會想說，A 建商 30 萬既然都賣得動了！我沒理由我在後面才賣的還在賣 25 萬！B 建商就會想說，我是不是可以賣賣看 35 呢？

沒想到當 B 建商 35 一樣賣得動時，越後面開案的 C

、D、E……等其他建商，售價是不是就會越賣越高呢？甚至當消費者去看房想殺價時，代銷業者就會說，你看其他建案現在是賣多少錢，不然你去看實價登錄就知道價格……等的話術。

預售屋實價登錄，反而造成建商有參考的售價依據！反而更助漲房價！

過去建商的售價，是成本加利潤後計算出來的！現在反而是它案的成交價，再往上加，卻成了他們的售價標準！以致於現在所有的預售案價格，卻是越晚賣價格越高！

所以說，實價登錄的推行，看似是政府推行的良政，最後竟成了助漲房價的元兇！

▌重點精華整理 ···

1. 政府實施實價登錄，其美意是為了讓不動產交易價格全面透明，避免買賣有資訊上的落差，造成交易時買賣雙方權益受損

2. 過去在沒實價登錄時，只能憑感覺，然後打心理戰！賣方急了，價格就降下來了！買方急了，價格就上來了！由於價格並未透明化，所以彼此間都在猜測雙方間可接受的價格！所以很多時候就很需要銷售與殺價的技巧了！

3. 過去沒實價登錄時，銀行估價貸款也是很重要的參考依據！當送銀行估價時，自備款很低時，表示買方買到的價格算不錯！

4. 實價登錄實施後，卻也成了「賣方」很重要的參考依據！因為房價助漲跟「賣方」有息息相關！

5. 因為一般人對於房地產的概念就是，放得越久越有價值！尤其好的地段！容易讓賣方坐地起價！能賣高，誰會想賣低！

6. 過去建商的售價，是成本加利潤後計算出來的！現在反而是它案的成交價，再往上加，卻成了其他建商的售價標準！

25

房地合一 2.0 也是助漲房價的元兇

「成也蕭何，敗也蕭何」，其寓意是韓
信為蕭何所薦，讓其為大將軍。後又出謀
助呂后設計殺害韓信。

❖ 2021 年 7 月政府推出房地合一 2.0，其目的是希望
個人能將房子回歸正常的居住功能，不希望房地產成了
投資客的炒作工具！而房地合一 2.0，竟也成了助漲房價
的元兇！

回想起 2020 年初中國新冠疫情爆發，逐漸蔓延到全世界！世界各國開始進行一連串的邊境管制！導致全世界開始缺工缺料！美國聯準會還因為新冠疫情 (COVID-19) 衝擊，多次下調利率，給予市場信心，而台灣政府也一併跟進調降利率！

當時許多有經驗的房地產前輩均跟我們表示，房地產將會有一波上漲行情！對那時才剛入行的我！其實是有些質疑的！因為當時整個市場是恐慌的！也很多人被居家隔離，甚至工廠無法生產，而造成部分企業紛紛倒閉，台灣股市短短兩個月也從年初的一萬兩千點，跌落到 8500 點！

各大財經新聞媒體也爭相報導負面消息，指出股匯市以及房地產將會應聲倒地！空頭即將來臨，人們開始對此疫情感到恐慌！

幸運的是，當時遇到一位有經驗的前輩表示，台灣幾次的重大危機，初期確實造成景氣向下，但是過沒多久反而造成房市與股匯市的上漲，像是 921 地震、SARS 疫情、2008 金融海嘯……等。所以提醒我必須把握這樣財富重新分配的機會！

我曾經聽過別的老師分享：

「當人們恐懼時，我們要選擇貪婪」

「當人們貪婪時，我們要選擇恐懼」

我選擇的是貪婪與相信！但當時身邊大部分朋友是選擇不相信的，只有少數相信我的朋友，在那段期間跟著我開始積極在房地產佈局！事後證明，那是一次非常正確的決定！2020 ～ 2022 年這近三年來，房地產背道而進，有如一日千里般的大漲！而這也是我人生翻轉最重要的關鍵時刻！

2020 新冠疫情爆發後的半年左右，因為邊境管制的關係，造成市場上嚴重的缺工缺料，再加上美國聯準會多次下調利率，以及先前中美貿易戰的開打，導致台商逐步回流，再加上初期台灣防疫做得確實不錯，國際疫情卻是嚴重，以致於國內資金無法外流，間接造成資金往股市以及房市邁進，也使得股市、房市均逐步上揚！

房市上漲超過一年後，政府又為了抑制房市投資客過度的炒作，避免房市飆漲過快！於是在 2021 年 7 月，又推出了房地合一 2.0 政策。

政策內容主要如下：

房地合一稅 2.0

項目	說明			
短期套利者課重稅	**延長個人短期炒作不動產適用高稅率的持有期間**			
	個人	持有期間適用稅率	修法前	修法後
	境內居住者	45% 35% 20% 15%	1 年以內 超過 1 年未逾 2 年 超過 2 年未逾 10 年 超過 10 年	2 年以內 超過 2 年未逾 5 年 超過 5 年未逾 10 年 超過 10 年
	非境內居住者	45% 35%	1 年以內 超過 1 年	2 年以內 超過 2 年

　　我們從上面表格清楚知道，屋主持有房屋 5 年內必須課 35％重稅，滿 5 年將會調整為 20％，試著想想倘若你是屋主，是否會選擇盡量拖過 5 年後才賣房呢？當所有的屋主都選擇的是為了避免繳太多稅，均打算拖過 5 年後才賣房！市場供給量勢必就會減少。

　　換言之，當需求維持不變的情況下！供給量減少，房價是否可能因此上漲呢？

　　再換個說法，倘若你是屋主，你願意 5 年內售出被課 45％或 35％稅來賣，你會不會把可能需繳納的稅金，加注在欲售出的房價上呢？

　　所以政府推出的房地合一 2.0 政策，實則目的是為了抑制投資客的短線炒作！反而卻又因此助漲房價！

重點精華整理

1. 2021 年 7 月政府推出房地合一 2.0，其目的是希望個人能將房子回歸正常的居住功能，不希望房地產成了投資客的炒作工具！

2. 危機來臨時，就必須把握財富重新分配的機會。

3.「當人們恐懼時，我們要選擇貪婪」，「當人們貪婪時，我們要選擇恐懼」這兩句話時時提醒著我。

4. 2020 ～ 2022 年這近三年來，房地產背道而進，有如一日千里般的大漲！而這也是我人生翻轉最重要的關鍵時刻！

5. 屋主持有房屋 5 年內必須課 35％重稅，滿 5 年將會調整為 20％，試著想想倘若你是屋主，是否會選擇盡量拖過 5 年後才賣房呢？當所有的屋主都選擇的是為了避免繳太多稅，均打算拖過 5 年後才賣房！市場供給量勢必就會減少。

6. 倘若你是屋主，你願意 5 年內售出被課 45％或 35％稅來賣，你會不會把可能需繳納的稅金，加注在欲售出的房價上呢？

26

你才是助漲房價的元兇！

「換位思考」是許多人經常忽略掉的
事情，房價上漲跟你我之間，其實都脫不
了關係，只是你可能並不知道你也是房價
助漲的元兇！

❖ 當我們不斷的抱怨邪惡資本家貪得無厭炒高房價
同時，在座的每一個人，其實你也是助漲房價的元兇，
只是你並不知道而已！因為我們都習慣用自己立場去抱
怨對方，卻忘記了，當我們彼此間的角色一旦對換，你
其實也是會用同樣方式對待他人的！

前些時間有個從事房地產仲介的朋友找我抱怨！他說現在的人是有事嗎？來店裡找物件，總是嫌東嫌西，稍微看得上的物件，又嫌貴，又不斷要求我去跟屋主殺價！殺不下去後，又轉往便宜的物件，他又嫌偏僻破舊看不上！

你知道！最近這幾年房市剛好又不錯！許多屋主價格越賣越高！我這客戶總是跟我抱怨，說那些屋主貪得無厭，遲早有一天會下地獄的！就這樣那個客戶讓我帶他看房看了快兩年了！前後陪他看物件應該有超過 50 間以上了吧！他都沒下手去買！越看也越買不下手了！因為價格越漲越多！這客戶實在是很難搞！

相隔半年左右吧！這客戶又再次的出現來找我！說他爸媽留了一間老宅給他！他想說乾脆賣掉這間老宅！這樣就有足夠錢去買一間新房了！我這時就問他說，你家裡當時這間房買多少錢呢？他說這房有 20 幾年了！當初買 300 多萬！

那你想賣多少呢？他說當然是越高越好呀！他說他上網查過實價登錄，該社區最高價曾賣到 1200 萬，他說：如果可以，最好也比照辦理！甚至是可以賣到 1300 萬

！這時我那位房地產仲介朋友心中對著這客戶喊出了一系列的三字經！抱怨你買的時候卻罵屋主貪得無厭，遲早有一天下地獄！當你要賣的時候，卻想賣最高價！這邏輯對嗎？

聽完這房仲闡述客戶的故事後，你有沒有發現，其實我們全部的人也都跟他一樣！有著相同的想法！「你買的時候，只想買低，你賣的時候，卻想賣高！」，你我其實都是房價助漲的元兇，你知道嗎？

過去許多老百姓總喊著房價太高買不起房時，卻希望政府拼命打房，能夠壓低房價！相反的，當自己想賣房時！卻希望能賣高點！最好是能賣該區最高價，深怕賣便宜少賺了！

既然你總喊著房價太高要政府打房，那就請你賣房時，賣該區域最低價、破盤價！賣回到過去 20 年前你買的房價！這樣我就覺得你是那個最有種的人！

所以房價上漲的元兇是誰呢？其實就是在座的每個人，你說是吧！

┃重點精華整理 ···

1. 「換位思考」是許多人經常忽略掉的事情,房價上漲跟你我之間,其實都脫不了關係。

2. 我們都習慣用自己立場去抱怨對方,卻忘記了,當我們彼此間的角色一旦對換,你其實也是會用同樣方式對待他人的!

3. 過去許多老百姓總喊著房價太高買不起房時,卻希望政府拼命打房,能夠壓低房價!

4. 當自己想賣房時!卻希望能賣高點!最好是能賣該區最高價,深怕賣便宜少賺了!

第五篇

操作技巧

——在累積資產的過程中，你知道什麼樣的能力是你必須具備的嗎？如果缺少了這樣的能力！那是否就無法為自己快速的累積資產呢？

——不是你沒機會成功，而是你少了預知未來的能力

——我們都知道成功必須要注意細節，而細節將會決定成敗，自古皆知富貴得來不易，但是倘若不冒險，將很難得來富貴！

27

你這一生必須具備的能力

快速累積資產的前提，是必需要有源源不絕的資金，「開源與節流」是累積資產過程中不可或缺的重要關鍵！

❖ 在累積資產的過程中，你知道什麼樣的能力是你必須具備的嗎？如果缺少了這樣的能力！那是否就無法為自己快速的累積資產呢？

❖ 我們都知道買房就是需要頭期款，買房就是要有錢，沒有錢又該如何入手買房呢？其中一個創造頭期款的方法，就是提升你的「銷售力」。

2018 年的 5 月，我正式踏入了房地產學習的領域，除了第一年東湊西湊的好不容易買下桃園青埔的第一間房後，就再也沒有任何的資金供我持續購買，過了一年的時間，我還是只有一間房，且後續工程款也快繳不出來了。

而真正讓我開始翻轉人生的關鍵，卻是來自於 2019 年 5 月的一場課程！談的是業務銷售競爭力！當中的講師他提及了一個關鍵思維：「全世界最傑出的企業家、政治家，都是最厲害的銷售員」，像是賈伯斯、馬雲、歐巴馬……等。他們都是透過公眾演說，銷售他們的思想與價值！

阿里巴巴創辦人馬雲曾說：「四流的業務賣價格、三流的業務賣產品、二流的業務賣服務、一流的業務賣自己」，而當時的我確實還只是三、四流的業務！所以銷售成績始終不出色！

那堂課程結束後，我開始持續的花更多錢去學習銷售，以及閱讀大量的銷售書籍和聽有聲書！因為持續不斷的演練與操作，再加上我的積極度與執行力，銷售技

巧和能力也就此快速的提升！因為我始終相信，只要我們停止學習，就將會停止成長「學無止盡、學海無涯」，有太多的人不願意花錢學習，捨不得花錢，所以他永遠無法突破現況與瓶頸。

自媒體的逐漸崛起，視頻營銷也成為了開拓陌生市場不可或缺的利器，我也嘗試拍起了短影音，並透過YouTube、TikTok進行視頻營銷，分享房地產的知識與乾貨，逐漸得到許多人的迴響，也增加不少的曝光度！

同年 7 月，我因為無意間看到一個華人講師大賽徵選的廣告！鼓起了勇氣繳費報名參賽！透過三個月的持續練習與比賽！就在 2019 年 10 月 6 日的華人講師大賽結束後，我也拿到了台灣區前 30 強的資格！可以到對岸大陸參賽！

由於進軍大陸並非我當初報名比徵選的主要目標！所以我提前止住了這樣的行程與計畫！但是我卻因為過去這三個月密集的參賽訓練與比賽實戰累積下！我的公眾演說技巧大幅度的提升！也因為拿下台灣區前 30 強的這樣的名號以及自媒體的大量曝光，我得到建設公司的

首肯！讓我進行一次的公開銷講！

「不鳴則已，一鳴驚人」是這場銷講結束後，同事間對我的評價，雖然過去一直以來我在銷售上沒有任何的成績，但卻因為這場銷講出色的表現下，而得到更多人的關注與讚許！就此我的銷售成績也開始突飛猛進！

從第一年收入掛蛋，到第二年收入兩百萬，第三年收入四百萬，第四年第五年的收入也在六百萬左右！我的經濟與生活起了很大的變化！雖說跟許多有錢人比較起來還微不足道，但是我畢竟是從無到有，能擁有這樣的收入與財富，對我來說已經是大大的滿足了！

過去這幾年，當我快速得到的財富後，卻並未就此揮霍享樂，因為我是一路從離婚後擺攤、開計程車辛苦的走過來的，我害怕再次沒錢，所以我就強迫自己，把賺到的錢拿去買房！就這樣每累積到一筆資金後，就買一間，持續一間一間的購買！造就今天我所擁有 15 間房的資產！

「銷售能力」是我認為，要想快速累積財富其最需要

具備的能力！

找工作面試你需要銷售能力，把自己給銷售出去，讓面試官願意錄用你！

談戀愛你也需要銷售能力，把自己給銷售出去，讓心儀的對象願意跟你在一起！

招募團隊夥伴也需要銷售能力，讓他們相信你，並跟著你可以成功賺大錢！

若想學習銷售力的讀者們，建議你可以參閱我第一本著作「雙贏 - 東西這樣賣，團隊這樣帶」，有更完整的銷售實戰案例與技巧跟大家分享。

看到這裡，或許你會說，如果我買房，原來都只是靠銷售賺錢買房，那我就學銷售就行！當然不是的……

還有許多的買房關鍵操作和技巧，建議可以直接報名我的課程！我將更完整的跟你分享客制化方式！依照每個人的收入與條件，給予量身定做的個別建議，讓你少走冤枉路。

▍重點精華整理 ∙∙

1. 我們都知道買房就是需要頭期款，買房就是要有錢，沒有錢又該如何入手買房呢？其中一個創造頭期款的方法，就是提升你的「銷售力」。

2. 「全世界最傑出的企業家、政治家，都是最厲害的銷售員」，像是賈伯斯、馬雲、歐巴馬……等。他們都是透過公眾演說，銷售他們的思想與價值！

3. 「四流的業務賣價格、三流的業務賣產品、二流的業務賣服務、一流的業務賣自己」

4. 只要我們停止學習，就將會停止成長「學無止盡、學海無涯」，有太多的人不願意花錢學習，捨不得花錢，所以他永遠無法突破現況與瓶頸。

5. 自媒體的逐漸崛起，視頻營銷也成為了開拓陌生市場不可或缺的利器

6. 我因為華人講師大賽過去這三個月密集的參賽訓練與比賽實戰累積下！我的公眾演說技巧大幅度的提升！

7. 因為一場銷講出色的表現下，而得到更多人的關注與讚許！就此我的銷售成績也開始突飛猛進！

8. 我害怕再次沒錢，所以我就強迫自己，把賺到的錢拿去買房！就這樣每累積到一筆資金後，就買一間，持續一間一間的購買！

9. 「銷售能力」是我認為，要想快速累積財富其最需要具備的能力！

10. 還有許多的買房關鍵操作和技巧，建議可以直接報名我的課程！我將更完整的跟你分享客制化方式！依照每個人的收入與條件，給予量身定做的個別建議，讓你少走冤枉路。

28

我只花了三個月從房產小白變專家

> 沒有能不能，只有你要不要，態度決
> 定一切！

❖ 我們都知道房地產是台灣重要的經濟指標，且存
在著許多的學問！他不僅需要非常多的專業知識、數據
與分析，再加上需要宏觀的視野與能力，一般人認為房
地產這專業能力，沒個 5 年 8 年的，真的很難成為專家
！更別說僅用三個月的時間了！

2018 年的 5 月，我進入到房地產領域！但是因為覺得房地產專業性太多，太過複雜！且房地產屬於高單價商品！不是人人買得起！初期遇到幾次挫折後，我就開始自我設限！也為自己找足了藉口跟理由，不到兩個月的時間，再加上遲遲在房地產上沒有收入！所以毅然決然的選擇跑去開計程車維持生活。

　　唯一慶幸的是，我仍每天撥出半小時的時間，去建設公司開會，尚未完全離開房地產這個領域！只是會議結束後，我又馬上轉換身份去開計程車！就這樣一開就是 10 個月的時間！

　　「凡每件事情的發生，都有其目的，也必有助於我！」
　　隔年的 5 月，我開計程車時，剛好發生了一起小車禍，車門有些受損！車子需進場做板金烤漆，需要一週的時間，而這一週的時間，計程車我也無法開了！只好無奈的回到建設公司發呆吹冷氣。

　　那天下午帶我的主管突然語重心長的對我說，政昌你雖然每天來公司半小時開早會，但是你人在心卻不在，

你「完全沒有房地產的語言」！過去這 10 個月來，你每天開計程車，有做有，沒做就沒有的收入狀態，你打算要持續多久呢？你有看過哪個開計程車的，最終可以達到財富自由的嗎？他鼓勵我，房地產是時機財，要好好把握機會，時間點過了，真的就是過了！

他的一番話刺激到了我！就在上一篇「你這一生需要具備的能力」這篇提到，我 2019 年的 5 月，去報名了一堂「業務銷售競爭力」的課程！我開始學會業務銷售技巧！並快速的提升業務銷售能力。

然後我又快速的提升房地產需要懂的專業知識、數據與分析！不到三個月的時間我竟蛻變成別人眼中的房產專家，房產講師！而我是怎做到的呢？

其實就是以下三個步驟：「學」、「做」、「教」

首先「學」：就是我開始大量的上網搜尋大家對於房地產的疑慮以及擔憂！像是少子化、空屋率、變現慢、租不出去賣不出去、升息、房地合一、奢侈稅……等，只要跟房地產有關的問題我都一一羅列下來！僅僅只用一天的時間，就列了約略 50 個問題！

接下來，我開始把這 50 個問題做分類！並開始四處的去請教這方面專業的人！這過程中我會錄音並做筆記！而且同一個問題，我會請教許多人，而且是至少聽 5 ～ 10 個人的說法，並開始作分析與歸納！另外我也會上網找尋相關房產課程報名學習！聽聽看業界其他老師對於房地產的分析以及看法有哪些？正所謂知己知彼才能百戰百勝！並提醒自己切勿閉門造車！

　　下一步驟就是「做」：聽完他們的專業回答以及勤做筆記後，並不代表自己已經融會貫通，並說得出口！於是我開始把這些專家的回答重新整理，並針對每個問題彙整出一套合理的說法。

　　接下來就是開始大量拍 YouTube 視頻！把自己學會的房產專業知識，拍成影片上架，然後四處的分享給身邊的每一個人！剛開始一定拍不好，也飽受批評！但有句話是這樣說的：「你不用很厲害才開始，你必須開始之後才會變得很厲害」，有批評才有進步的空間！我總是把這些批評指教轉化為成長的動能！

每部影片雖然僅僅只是 5 分鐘，但卻花了我近半天的時間拍攝！由於我必須不斷重複的練習！逐漸的我就把這些房地產專業問題！越來越能夠駕輕就熟！短短的兩個月時間，我竟也拍了近 50 部的視頻！

　　最後一步驟就是「教」：
　　有人曾跟我分享……
　　「如果你不善於經營夫妻關係，你就去教人如何經營夫妻關係」
　　「如果你不善於溝通，你就去教人如何溝通」
　　「如果你不善於什麼，就去教人什麼……」
　　當你願意去教人什麼的時候，那麼你肯定會變成這個部分的專家！因為當你要能教別人之前，你肯定必須大量的蒐集資訊並不斷的學習與練習！

　　是的，我房產的專業知識就是這樣快速的訓練起來的！我開始授課、寫書，並大量的閱讀房產相關知識與持續累積經驗！三個月，我竟成了別人眼中的房產專家、房產講師！
　　沒有能不能，真的只有你要不要而已！態度決定一切，堅持決定成敗！

重點精華整理 ···

1. 我們都知道房地產是台灣重要的經濟指標，且存在著許多的學問！他不僅需要非常多的專業知識、數據與分析，再加上需要宏觀的視野與能力

2. 「凡每件事情的發生，都有其目的，也必有助於我！」，「完全沒有房地產的語言」這句話敲醒了我。

3. 「學」：大量的上網搜尋大家對於房地產的疑慮以及擔憂！並開始四處的去請教這方面專業的人！並開始作分析與歸納！並四處去聽聽看業界其他老師對於房地產的分析以及看法有哪些？

4. 「做」：針對每個問題彙整出一套合理的說法。然後開始大量拍 YouTube 視頻！把自己學會的房產專業知識，拍成影片上架「你不用很厲害才開始，你必須開始之後才會變得很厲害」。

5. 「教」：如果你不善於什麼，就去教人什麼……，因為當你要能教別人之前，你肯定必須大量的蒐集資訊並不斷的學習與練習！

6. 沒有能不能，真的只有你要不要而已！態度決定一切，堅持決定成敗！

29

我的第一間房當時如何選擇？

如果你也想把持續累積資產，視為最重要的事情，那麼第一間房將攸關你後續房產的佈局規劃！

❖「買房是終身大事」這對許多第一次買房的人有著共通的想法！倘若你這輩子只打算擁有一間房為目標就好！那麼第一間房確實必須以自己與家人喜歡為優先考慮！但是倘若你也想跟我一樣快速的為自己累積資產成為包租公。那麼你就必須將「買房是終身大事」與「個人或家庭喜好」這類的主觀想法，先暫時移除了！

2018 年的 6 月是我人生第一次準備買房，當時我剛跟著建設公司主管，進入到建設公司學習房地產，當時該建設公司同時推出了幾個案子，其中有兩個案子最吸引我注意，分別是在桃園龍潭市中心以及中壢青埔重劃區！

　　當時我跟家裡人討論第一間房該買哪時？家裡人全部都表示當然是選擇龍潭這物件！因為這物件剛好就在我父母家旁邊！父母表示這地點離家近，且又是熟悉的龍潭！未來也好就近照顧，再加上父母家人表示，價格相較起來也是最便宜的！兩房總價 700 多萬，單價也低，更重要的是也在龍潭市中心黃金地段！父母家人甚至連我都覺得這物件根本就是為我首次購屋而蓋的！

　　正當我準備入手這物件時！卻被我的房產教練給制止了！
　　他表示龍潭這物件確實不錯！但是必須先反問自己以下幾個問題！再決定是否購買！
　　問 1：你買房的目的？是自住？還是投資？
　　我：暫時先以投資為主，自住為輔，當我有能力自己負擔時，我才會考慮自住，但是，目前暫時無能力負擔，

所以我以投資為主！

問 2：你買房後，你每月的貸款該由誰來負擔？

我：算過每月貸款約略為 2 萬多，由於我當時經濟狀況條件並不佳，每月 2 萬多的房貸再加上管理費、水、電等支出約略將超過 3 萬，我應該負擔不起！所以我應該會出租，並交由房客幫我負擔房貸！

問 3：如果以投資角度來看，你覺得這物件未來的增值性如何？

我：這在龍潭市中心，屬於成熟老舊商圈，有足夠人口作支撐，出租容易，但是增值性有待觀察。

問 4：如果以投資角度來看，你覺得龍潭市中心以及中壢青埔重劃區這兩物件，未來增值性哪個比較好？

我：中壢青埔重劃區較好，因為青埔重劃區屬於國際型重劃區，且有多項重大國家建設，再加上目前人口正持續上升，距離重要交通幹道高鐵、捷運又近，所以我認為應該是青埔。

問 5：你買房後，你還有多少資金負擔後續的工程款

與交屋款？

我：龍潭市中心這物件雖然總價低很多，但由於已經接近交屋狀態，後續須補足的工程款與交屋款的資金，對我當時來說，確實會有一些壓力！而青埔這物件，雖然總價破千萬，但是因為才剛開案，需負擔的金額初期也將會少許多！所以相較之下，青埔對我來說會比較沒壓力！

雖然多次評估，龍潭市中心物件，總價低於青埔重劃區物件近三百萬！但是以結果來看，經過 4 年多房價走勢！龍潭市中心房僅有小漲兩成，而青埔重劃區該物件，已經上漲超過六成了！

我很慶幸的是當時我的房產教練有反問我以上這 5 個問題！讓我差點錯過一次翻轉財富的機會！而這兩者之間一來一回卻是差了好幾百萬的房價！

重點精華整理

1. 倘若你這輩子只打算擁有一間房為目標就好！那麼第一間房確實必須以自己與家人喜歡為優先考慮！

2. 倘若你買房的目的是為累積資產成為包租公。「買房是終身大事」與「個人或家庭喜好」這類的主觀想法，就必須先暫時移除了！

3. 買房前先問自己以下 5 個問題：

問 1：你買房的目的？是自住？還是投資？

問 2：你買房後，你每月的貸款該由誰來負擔？

問 3：如果以投資角度來看，你覺得這物件未來的增值性如何？

問 4：如果以投資角度來看，比較物件的未來增值性，哪個比較好？

問 5：你買房後，你還有多少資金負擔後續的工程款與交屋款？

30

預知未來，方能迎接未來

不是你沒機會成功，而是你少了預知
未來的能力

❖ 常有人說，如果我可以知道下一期樂透開什麼數
字，哪一檔股票會漲，那我肯定會是世界首富了！就此
有人常去廟裡祈求神明托夢，或是透過學習預測技能…
…等。無論是什麼樣的方法！要的目的就只有一個！那
就是必須要精準！

精準容易嗎？在科學上很多事情，確實是可以預測的！像是 AI 人工智慧、科技產業、數據分析……等，但是在股市、樂透數字或是球賽賭盤……等，自始至終卻是無法精準預測！所以鮮少有人在這上面持續賺到錢，那麼房地產的未來脈動是否可以預測呢？

2002 年時，當我開始把錢投入在股市時，我當時覺得股市是所有投資工具中，算是相對簡單的，因為我只需要做二擇一，不是漲就是跌，只要我買對一個方向，那我就賺錢了，但是奇妙的事情卻往往沒傻人想得這麼簡單。偏偏卻是我每次進場都會買錯方向！我買進他就跌，我賣出他就漲，他總是跟我對著幹！於是我開始翻書以及上課學習股票，那些老師跟我們講的、教的都很厲害！但是往往自己做的結果，卻不如預期！打探許多證券業的前輩，發現到其實大部分人都是賠錢的，就像先前文章寫到，為何我不會選擇股市作為我主要理財投資工具！

投資工具百百種，難道沒有一個投資工具可以精準的預測嗎？從 2018 年後，我透過前輩的帶領，開始大量的鑽研房地產的數據與分析！也確實讓我這幾年在房地

產上大有斬獲，或許有人會說。政昌老師，那是你運氣好！剛好搭上這幾年新冠疫情的順風車！才讓你賺到滿盆滿缽的！若沒這一波！你未必賺得到這錢！

我想說的是，確實有一部份原因是如此！但是若能再加上精準的房地產分析，那將會是事半功倍！

而我是怎精選出一個會賺錢的物件呢？以下 6 點跟大家分享

1. 學區宅：有學區自然而然就有家長願意為了孩子的就學方便性，而特別的選擇這樣的房子，尤其是一些明星學校，若再加上周邊能鄰近兩所以上的中小學，更是佔盡了絕對優勢，畢竟中小學加起來就讀時間總共就是 9 年。許多人對於優質教育資源都是愛不釋手的，而大家總是會搶奪稀缺性的學區。

2. 交通宅：交通取決於未來商圈發展的便利性，「交通一響，黃金萬兩」這是在全世界任何地方都脫離不了的事實！捷運、火車、高速公路等一直都是民眾最常使用的移動方式，一個城市的演化過程，交通也是走在最前線！

3. 公園宅：現在人們越來越重視健康生活，我們既不能住在山裡，影響工作生活，那若是家附近有個健康放鬆休憩的公園，是不是會讓大家變得更嚮往呢？即使花費更高的代價，依然都有許多人趨之若鶩。尤其是現代人，每天生活工作緊繃且壓力大，再加上空污問題越趨嚴重，若能擁有一間公園宅，幾乎成了許多人一生的追求，其未來升值潛力將不言而喻。

4. 商業宅：商圈帶來的就是人潮，人潮帶來的就是錢潮！商業宅也代表的是就業機會！一旦就業機會增加了，住的需求也將會相對應的增加！或許有人會擔心商業宅帶來的治安問題以及混亂、髒亂等負面因素！但是商業宅畢竟利總大於弊！若以純居住的角度來看！或許可以選擇較舒適的公園宅！但若以投資價值性來看！商業宅仍是許多投資買家的首選。

5. 格局宅：格局方正，一直是許多買家的首選，採光、通風、好視野的格局，永遠都是買家選房的優先考量！完整的客、餐廳，以及舒適的臥室，充分採光，若能具備這些條件的格局，基本可以立於不敗之地。

6. 人口增加宅：這裡指的是該區域的人口數，仍呈現持續增加的狀態下！畢竟房子的剛性需求必須來自於人口，人口增加房價勢必上漲！這就是很簡單的供需問題！所以如果一旦該區域人口不斷流失，那麼房價上漲的力道將會減弱許多！所以人口持續正成長，也是我選房的重要關鍵！

以上 6 點是我在挑選物件時，優先選擇的重要參考數據！綜歸其結論就是「好地段」。

香港首富李嘉誠曾經說過一段話「決定房地產價值的因素」，第一是地段，第二是地段，第三還是地段。

「好地段」的標準是什麼呢？其實就是我剛上述所說的這 6 個點！

或許有人會說，要這 6 個點都具備確實很難，但我想說的是，若能中其三，基本上已經是立於不敗之地！剩下就只是差別在漲多漲少而已了！

重點精華整理

1. 有人常去廟裡祈求神明托夢，或是透過學習預測技能……等。無論是什麼樣的方法！要的目的就只有一個！那就是必須要精準！

2. 打探許多證券業的前輩，發現到其實大部分人都是賠錢的，就像先前文章寫到，最終我不會選擇股市作為理財投資工具！

3. 學區宅：許多人對於優質教育資源都是愛不釋手的，而大家總是會搶奪稀缺性的學區的。

4. 交通宅：交通取決於未來商圈發展的便利性，「交通一響，黃金萬兩」這是在全世界任何地方都脫離不了的事實！

5. 公園宅：現代人每天生活工作緊繃且壓力大，再加上空污問題越趨嚴重，若能擁有一間公園宅，幾乎成了許多人一生的追求，其未來升值潛力將不言而喻。

6. 商業宅：商圈帶來的就是人潮，人潮帶來的就是錢潮！以投資價值性來看！商業宅仍是許多投資買家的首選。

7. 格局宅：格局方正，一直是許多買家的首選，採光、通風、好視野的格局，永遠都是買家選房的優先考量！

8. 人口增加宅：房子的剛性需求必須來自於人口，人口增加房價勢必上漲！這就是很簡單的供需問題！

31

最關鍵的一次決定

成功細中取，富貴險中求，拍案定乾坤。

❖ 我們都知道成功必須要注意細節，而細節將會決定成敗，自古皆知富貴得來不易，但是倘若不冒險，將很難得來富貴！一直以來，很多成功的企業老闆，在做任何決定時，都不是百分百會贏才去做，反而是只要計算出有一定勝算時，就馬上執行去做！因為他們知道機會不是隨時有，一旦這個機會錯失了，將可能會後悔莫及！相反的許多平凡老百姓，都喜歡打安全牌，非得充分準備且百分百一定能贏時才敢去做！反而錯失了一戰定乾坤，可以翻轉人生的難得機會！

2020 年的 7 月，是我在進場購買房地產時，最冒險的一次！當時我跟我的老婆去青埔華泰名品城逛街吃飯，吃完飯後閒來沒事，剛好經過一個代銷案，就職業病的走進去瞭解！順便打探行情以及聽聽代銷小姐是如何介紹案場的！

當時的我純屬是打探行情，以及沒事逛逛而已！沒想到這一觀察下來，竟發現此案具備會賺錢物件 6 點的全部（學區宅、交通宅、公園宅、商業宅、格局宅、人口增加宅）一項都不少，我上一篇曾說，要能找到這 6 個點都具備的物件確實很難，若能中其三，基本上已經是立於不敗之地了！那倘若 6 點全具備的呢？基本上根本不需猶豫，直接下手購買就對了！

就這樣的，我連考慮都沒考慮，前後不到兩小時！選好樓層並談好價格後，10 萬元付訂直接購買走人！

什麼？前後不到兩小時，當時我老婆提醒我說，我們不用回去想一下嗎？這是買房，不是買菜耶？前後還不到兩小時，我們需要這麼衝動的下決定嗎？
我僅微笑的對著老婆說：「請相信專業！」，就這樣的

我們訂了一間房。

買完回去後，在開車的路上，我們一句話都沒說。其實我當時心裡是忐忑不安的，因為盤算戶頭可動用資金僅有 150 萬！而我這次購買的房子是 1400 萬，依照付款流程，我必須在 7 天內，簽約時先補足 5%（70 萬），兩個月後，也就是預計 9 月開工，兩個月內又必須補足 15%開工款（共計 210 萬）。

算算戶頭的 150 萬，用 210 萬減去那 150 萬，我其實還約略差 60 萬左右，兩個月後就要開工，我得想辦法湊齊那 60 萬，這看似是有機會的，雖然也是很吃緊！但我還是做了一次衝動的決定！

下訂後的那幾天，我徹夜難眠，難眠的不是我擔心那不足的 60 萬，而是我心想，倘若未來這間房，一坪漲 10 萬，40 坪的房漲 400 萬！這樣我才賺 400 萬，這怎麼行呢？看到這裡，你是不是會覺得我瘋了？難道這樣還不夠滿足嗎？

或許是秘密的力量，老天爺聽見我心中的吶喊！就

在幾天後，代銷小姐突然打了一通電話來說，政昌老師，有一戶視野很好且價格不錯的樓層，你有沒有興趣再來代銷中心瞭解看看呢？我竟毫不猶豫的馬上答應，並跟著我的朋友，一同前往去聽她介紹！這次前後出來不到一小時，談好價格馬上又下訂了一間樓層較高，且坪數稍大的物件 1500 萬。

是的！前後不到一小時，我又買菜了！

而這一次，我更是做了這輩子從沒有過的瘋狂決定！

說到這……你一定會心想，我不是戶頭僅有 150 萬嗎？我不是還缺那 60 萬的開工款嗎？我這樣做，是不擔心繳不出錢產生違約嗎？我這樣做是不是太冒險了呢？

「成功細中取，富貴險中求，拍案定乾坤」，是我盤算過的策略與計畫！

首先我必須先瞭解最好以及最差的情況下是什麼？

我分析過，最差的情況下就是真付不出錢來怎麼辦？

我知道違約是不至於，因為就當時房地產的氛圍，X-PARK 水族館以及新光影城即將開幕，再加上當時房市逐漸復甦，央行降息，買氣加溫！尤其 6 點全具備的物件實在是屈指可數，難能可貴！

我分析過，倘若真付不出來，就請代銷小姐協助幫我轉單，我付上千分之一轉單手續費就行，小賠收場！

　　那萬一最好的情況下又會是什麼呢？一間房漲 400 萬，兩間漲 800 萬，倘若真是如此！那實在是太棒了！就這樣我做了一次瘋狂的決定！

　　一週後這兩間房我補足了各 5％的簽約款，總共是 145 萬元，接下來就是兩個月後，開工時必須要補足 10％共 290 萬的開工款！這也是我接下來要煩惱與操心的地方！

　　秘密這本書曾說：「當你想要，全宇宙的能量均會幫助你」，神奇的事情竟然發生了！原本預期兩個月後開工，建設公司竟告知所有住戶買家，因為一些工程變更原因，將延後半年開工！這一延後，竟讓我有足夠的喘息時間！但延後半年真的夠嗎？事實上對我來說時間依然不夠！畢竟是 290 萬，不是 290 元

　　有句話是這樣說的：「當你滿腦子全都是目標時，就只剩下方法和行動」。

290 萬的目標有了，策略和方法我也有了！接下來就是積極的行動！經過半年後，雖然我仍未能補足那 290 萬開工款，但是我卻很主動也很有誠意的與該建設公司溝通，並協調變更我的付款方式！而他們也很和諧的不希望我違約，便同意我的請求！就這樣約略一年左右的時間，我將那 290 萬的開工款順利補足！

　　看到這，你是否也替我緊張的喘了一口氣呢？

　　事後每當我跟許多人分享這案例時，鮮少有人敢跟我一樣做這樣的決定！大部分的人選擇的是打安全牌，也不願意承擔任何的風險與壓力！

　　經過了三年後，這建案即將完工，也準備交屋，但是實價登錄上的價格，一坪卻已經上漲了超過 15 萬，總價達到 2100 萬，也就是說，我兩間房分別上漲了 700 萬與 600 萬，總增值金額約略達到 1300 萬左右！是的你沒聽錯，就是 1300 萬！

　　而這一次關鍵的決定，確實讓我的資產大幅的增加！如果時間可以重來，你敢跟我一樣下這樣的決定嗎？「想是問題，做才是答案！」

重點精華整理

1. 很多成功的企業老闆，在做任何決定時，都不是百分百會贏才去做，反而是只要計算出有一定勝算時，就馬上執行去做！

2. 要能找到 6 個點都具備的物件確實很難，若能中其三，基本上已經是立於不敗之地了！那倘若 6 點全具備的呢？基本上根本不需猶豫，直接下手購買就對了！

3.「成功細中取，富貴險中求，拍案定乾坤」，是我盤算過的策略與計畫！我必須先瞭解最好以及最差的情況下是什麼？

4.「當你想要，全宇宙的能量均會幫助你」

5.「當你滿腦子全都是目標時，就只剩下方法和行動」

6. 每當我跟許多人分享這案例時，鮮少有人敢跟我一樣做這樣的決定！大部分的人選擇的是打安全牌，也不願意承擔任何的風險與壓力！

32

影響你是否能夠持續累積資產的重要因素

你跟什麼人在一起，決定你未來將會
成為什麼樣子的人？

❖ 為何許多父母親，願意多花點錢讓孩子讀貴族學
校？

❖ 為何有人願意花高昂的俱樂部會費，進入上流社
會？

❖ 俗話說跟著蜜蜂走你會找到花朵，跟著蒼蠅走你
會找到廁所！

❖ 跟著千萬賺百萬，跟著乞丐學要飯

❖ 以上這一切所指的就是環境

2002 年，我進入了科技業，當時身邊的同事閒話家常，談論的都是股票，最近哪支股票正在飆漲，哪支股票未來前景如何？買哪支股票可以賺錢？哇！今天買的股票漲停耶，又賺進了 7%，沒想到輕輕鬆鬆又是幾十萬元的入帳，實在是太容易了！就這樣我被這些資訊給誘惑著。於是也著手開始跟著同事間研究起了股票，我也把大部分的薪水都放進了股市。

　　當我 2012 年時，轉戰進入了奧迪汽車當銷售員，每天談論的都是自家車款有哪些優勢？競爭品牌的車子又是如何？這款車的性能怎樣？車子的配備有哪些？什麼？某某同事又換車了？又改什麼配備，又升級什麼套件的，每天工作和生活，談論的話題都跟車有關！每次只要一出新款車，又會心癢癢的想換車，那一陣子我的生活就是換車。

　　2018 年時，我進入了建設公司工作，公司在 6 月份在桃園青埔推了一個新建案，這時就看到有一些同事自己去訂了一間，隔了三個月之後公司又推了中壢後站案，又有幾個同事分別也跑去買了幾間！我每天生活總是圍繞著，誰去訂了哪一戶哪一樓，誰又跑去買了哪個案子

的，當他們陸續交屋之後，我又聽到他們找到租客，租客已經開始入住，收租金當起了包租公！

就這樣，同事間每天談論的話題總是，A同事已經有3間房了！B同事已經有6間房了，C主管已經有10間房了！在這種環境充斥下，我羨慕著他們，也夢想著能跟他們一樣，當起包租公！

我在課程中經常跟大家分享著一段話：「當你滿腦子全都是目標時，就只剩下方法跟行動」，我進入房地產後，當時的目標就很清楚，我也想跟他們一樣擁有許多房子，我也想要當包租公！那怎做呢？接下來就是只缺方法跟行動，方法有老師教練帶領，學就會了！接下來就是大量的行動，積極的行動！我43歲時告訴著自己，年紀不小了，能快就不要慢，因為時間真的不等人！

過去這些年來，有人把錢放股票、有人把錢放定存，也有人把錢放保險，當然也有人喜歡蒐集車牌，更有人蒐集門牌，經過10年、20年後，誰會比較有錢呢？我相信大部分人的答案都會是門牌吧！

或許又有人會說，存股票也是會變很有錢的呀！像是如果 10 年前買台積電，如果「不賣」，那現在也翻好幾倍了，前提是「不賣」，有多少人撐得住呢？台積電從 100 漲到 200，翻一倍你還不賣嗎？更別說抱到 500 了，我相信中途下車應該就不少人了吧，就如同我之前「為何不選擇股市作為理財投資工具？」，這一篇曾經提過！在股市裡面 10 個有 9 個多半是賠錢的！我會是那一個賺錢的嗎？我真的沒把握。

　　所以影響你是否能夠持續累積資產的重要因素，就是「環境」！你靠近什麼人，你就會走什麼樣的路:「窮人教你縮衣節食、小人教你坑蒙拐騙、自律的人教你如何上進、成功的人教你如何進步」，人最大的運氣，不是撿錢，也不是中獎，而是有人指引你成功的方向。

　　我常在課程中跟我的學生分享，有誰想要跟我一樣擁有這麼多間房的呢？結果每個台下的學生都都舉手！
　　我就說！最簡單的方法就是，你們只要三不五時的在我身邊！我時常的就會帶著你們去看房，看久了，你們心癢了也採取行動，就會跟我一樣擁有許多房了！

重點精華整理 ⋯⋯⋯⋯⋯⋯⋯⋯⋯⋯⋯⋯⋯⋯⋯⋯⋯⋯

1. 俗話說跟著蜜蜂走你會找到花朵，跟著蒼蠅走你會找到廁所！跟著千萬賺百萬，跟著乞丐學要飯。

2. 我進入了科技業，當時身邊的同事閒話家常，談論的都是股票，我也把大部分的薪水都放進了股市。

3. 進入了汽車業當銷售員，每次只要一出新款車，又會心癢癢的想換車，那一陣子我的生活就是換車。

4. 我進入建設公司工作，同事間每天談論的話題總是，A同事已經有3間房了！B同事已經有6間房了，C主管已經有10間房了！在這種環境充斥下，我羨慕著他們，也夢想著能跟他們一樣，當起包租公！

5. 有人把錢放股票、有人把錢放定存，也有人把錢放保險，當然也有人喜歡蒐集車牌，更有人蒐集門牌，經過10年、20年後，誰會比較有錢呢？我相信大部分人的答案都會是門牌吧！

6. 「窮人教你縮衣節食、小人教你坑蒙拐騙、自律的人教你如何上進、成功的人教你如何進步」，人最大的運氣，不是撿錢，也不是中獎，而是有人指引你成功的方向。

33

善用借力思維

借力使力不費力，借助他人之力，他
山之石，可以攻錯，亦可點石成金，化腐
朽為神奇。

❖ 阿基米德說：「給我一個支點，我就可以撬動整個
地球」，說明借力的重要性！

❖ 孔明的草船借箭，就是歷史上是有名借力最成功
的故事！

❖ 借力可以借用他人資源、人脈、知識、智慧與能
力，縮短你的成功時間

❖ 而這世界上所有成功者或是企業家，均是借力高
手！他們懂得借用他人的資金、資源、團隊，讓他們發
揮的淋漓盡致！

人最大的運氣，不是撿錢，也不是中獎，而是有人指引你成功的方向

幾天前，我老婆又問我，你怎又買 XX 直銷商品了！

我回答說：現在我們的經濟的能力許可，對自己健康又有幫助，我看對方也很努力很認真！我就想說支持他一下嚕！

10 幾年前，因為捧朋友的直銷商品，越用越健康！也透過一些直銷課程，學習到很多財商知識以及被動收入的觀念。而過去這 10 幾年來，我已經是 10 幾家傳直銷的會員，也支持過朋友購買保險、甚至是朋友推薦的一些成長或成功學的課程！因為一直以來，只要我覺得是能夠幫助他，又對我是有幫助的！我都願意去瞭解、支持並且去嘗試！

或許你們會說，那是因為我現在經濟條件許可了！但我想說的是，在我沒錢時！我也一樣會去大力的支持朋友，或許是提供身邊的資源、人脈給對方！因為我知道人是互相的！今天我幫他，相信下次他也會願意幫我不是嗎？當然如果他下次不願意幫我，我也很會記仇的，人就是互相提供資源與價值的交換合作不是嗎？因為我

始終相信「要成功、要有錢，必須先學會做人！」

　　世界上最聰明的人，就是花點小錢，卻可以買到別人的知識、智慧、人脈與經驗。我始終覺得，付費就是最好的人際關係！

　　倘若你要從台北到高雄，你可以選擇開車、搭火車或是搭飛機。

　　而現實生活中，卻有許多的人寧可選擇的是自己走路、自己造火車與自己造飛機到高雄！

　　你肯定心想：這怎麼可能……誰會這麼蠢！

　　就像是許多人寧可花時間自己摸索，也不願意付一點學費學習，是一樣的道理！只是多半的人並沒察覺到！

　　既然我們可以選擇花點小錢就可以到達目的地，何不花錢處理呢？這就是所謂的借力思維原理。

　　過去我因為支持朋友，反而得到他身邊的資源更多！無論是人脈、機會、平台或是資源……等。你可能不知道的是，事實上所有成功的企業老闆，其實他們都是借力高手！因為他們不可能什麼都是卯起來自己幹的！為了縮短他們摸索的時間！他們必然會花錢來得到最大

的效益！像是請員工、請顧問、請教練、建立人脈找資金……等。

在借力過程中，你可以找到教練陪你一起打拼，老師也可以找到有意願、有態度的學生，承襲老師的方法和操作模式，一起幫助自己與家人完成夢想！

最重要的是，我可以花少少的學費，找到對的老師提供方法和技巧，讓我少走冤望路，我何樂而不為呢！我們必須要有 知識付費的意識，堅決不做伸手黨，當個索取者。

再次提醒：「你靠近什麼人，你就會走什麼樣的路，窮人教你縮衣節食、小人教你坑蒙拐騙、自律的人教你如何上進、成功的人教你如何進步」。

人最大的運氣，不是撿錢，也不中獎，而是有人指引你成功的方向。

重點精華整理

1. 這世界上所有成功者或是企業家，均是借力高手！他們懂得借用他人的資金、資源、團隊，讓他們發揮的淋漓盡致！

2. 一直以來，只要我覺得是能夠幫助他，又對我是有幫助的！我都願意去瞭解、支持並且去嘗試！

3. 在我沒錢時！我也一樣會去大力的支持朋友，或許是提供身邊的資源、人脈給對方！因為我知道人是互相的！今天我幫他，相信下次他也會願意幫我不是嗎？

4. 每年我都會撥出數十萬不等的學習費用，持續充實自己的腦袋，或是結識優秀的人脈！

5. 世界上最聰明的人，就是花點小錢，卻可以買到別人的知識、智慧、人脈與經驗。我始終覺得，付費就是最好的人際關係！

6. 知識有價，經驗和時間更是無價：你可以花時間上網找知識找答案，你卻無法找到資源與經驗，再加上你找到的可能是碎片式的知識，也不知道哪個是對是錯！

7. 站在巨人的肩膀上：結合成功者的背後資源、知識、
   資源與人脈，借力使力不費力！

8. 創造自己被利用的價值：你願意付出多少代價學習
   呢？出社會就是一種競爭，在競爭的環境與人相處
   下，難免少不了一些利益！唯一不會跟你談利益的
   就只有你的父母，你的孩子。

9. 我可以花少少的學費，找到對的老師提供方法和技
   巧，讓我少走冤枉路，我何樂而不為呢！我們必須
   要有為知識付費的意識，堅決不做伸手黨，當個索
   取者。

34

四個關鍵要素讓我達成目標

達成目標必須要有足夠的信念與理由
！即使遇到任何困難都不會輕言放棄

❖ 我 43 歲住進市中心指標性豪宅，44 歲擁有一台 BMW X6，並在 4 年不到時間，為自己累積 15 間房，總資產超過一億！我是如何透過設定目標，達成目標？獲得我現在所擁有的一切！以及如何運用我這套方法，去獲得你渴望的一切夢想！並且不再覺得，設定目標、達成目標，是一件很困難的事情！

回想起 40 歲時我面臨中年失業，當時身上僅有 10 萬元，轉戰業務行銷工作，41 歲買下桃園青埔一間千萬宅，因為強烈的動機與目標，陸續在 4 年時間為自己累積 15 間房，我相信這對大家而言是一件很不可思議的事情，這邊我想跟大家分享，我是如何透過四個關鍵要素，達成所設定的目標！

第一個關鍵要素：愛

10 年前我曾因為投資失敗，間接的失去過一段婚姻，當時女兒僅僅 1 歲大，卻長期不在我身邊！我人生最大的遺憾，就是無法爭取女兒回到我身邊，陪伴她成長，我努力賺錢打拼，就是為了這唯一的寶貝女兒！每當女兒看見我在演講，課後她總是會依偎在我身邊親我一下，跟我說，爸爸你好棒！這是一種對我的鼓勵，以及愛的力量！所以第一個關鍵是，你也要為自己找出一個「愛」的理由！或許是你的父母、家人以及你所愛的人！

第二個關鍵要素：恨

「徹底的成功，是最甜蜜的復仇」，這句話總是提醒著自己！

在上一段婚姻，我曾經觸礁！甚至對方還曾找算命

師算過我的命，說我這輩子再也無法翻身，毅然決然的選擇離開我！經過幾年後，事實證明，我未被命運擊倒！而是讓對方徹底看走眼！這就是恨！當然這裡指的不是要你去仇恨對方！而是要你將憤怒轉為前進的力量！你有沒有什麼樣的經驗，讓你「恨」呢？或許是曾經被朋友瞧不起，或是被老闆看扁。

第三個關鍵要素：恐懼

我們都知道人生有兩大不幸

第一個不幸就是錢花完了，人卻活得好好的！需要靠社會的救濟。

第二個不幸就是，人死了，卻還債留子孫！拖累家人。

我們終究會老，我害怕我老了沒錢，像足球般被踢來踢去！我希望能成為有尊嚴的老人！我不想債留子孫。所以我努力賺錢。

究竟我們要賺多少錢才夠呢？根據主計處統計，一個人退休後，至少要準備 2000 萬才夠！若是夫妻呢？必須乘以 2！若依照我過去的工作或收入，我無法存到4000 萬退休！所以我因此感到恐懼！你有沒有什麼樣的事情讓你感到「恐懼」呢？或許是對工作的不安定性、

或許是家庭經濟的重擔。

第四個關鍵要素：利益

「尋求精彩人生，創造不平凡未來」，是我對人生的期許，完成夢想的前提，必須身上要有錢！賺錢的目的是為了實現自我價值！人生短短數十載，究竟我能留下什麼給這個社會或是我的下一代，這一切還是必須要有大量的金錢做支撐！所以驅使我達成目標的理由，就是為了賺取更多的金錢！這就是「利益」。

你有沒有什麼樣的目標，是你追求的「利益」呢？或許是夢想、或許是人生自我的期許。

以上四個關鍵要素「愛」、「恨」、「恐懼」和「利益」，確實讓我短短四年時間，達成我所設定的目標！有句話是這樣說的，當你滿腦子全是目標時，只剩下方法和行動！什麼樣的方法呢？就是學習成功者賺錢的方法，和有錢人的財商思維！如何行動呢？在這裡我要跟你推薦我上一本書「雙贏 - 東西這樣賣、團隊這樣帶」，這本書滿滿的乾貨，分享給你，你只要透過書中的具體步驟，就能逐一的實踐你心中的夢想！想是問題，做才是答案！大量的行動，邊做邊修正！如果看完你還是不知道怎

麼做，歡迎你洽詢我的課程，我會告訴你如何抄捷徑達
到你渴望的成功以及夢想！

▌重點精華整理 ⋯⋯⋯⋯⋯⋯⋯⋯⋯⋯⋯⋯⋯⋯⋯⋯⋯⋯⋯⋯⋯⋯⋯⋯⋯

1. 達成目標必須要有足夠的信念與理由！即使遇到任何困難都不會輕言放棄

2. 首先第一個關鍵要素：愛，我人生最大的遺憾，就是無法爭取女兒回到我身邊，陪伴她成長，我努力賺錢打拼，就是為了這唯一的寶貝女兒！你也要為自己找出一個「愛」的理由！

3. 第二個關鍵要素：恨「徹底的成功，是最甜蜜的復仇」，這句話總是提醒著自己！當然這裡指的不是要你去仇恨對方！而是要你將憤怒轉為前進的力量！你有沒有什麼樣的經驗，讓你「恨」呢？

4. 這篇要談的是第三個關鍵要素：恐懼我們終究會老，我害怕我老了沒錢，像足球般被踢來踢去！我希望能成為有尊嚴的老人！我不想債留子孫。所以我努力賺錢。你有沒有什麼樣的事情讓你感到「恐懼」呢？

5. 第四個關鍵要素：利益「尋求精彩人生，創造不平凡未來」，是我對人生的期許，完成夢想的前提，必須身上要有錢！賺錢的目的是為了實現自我價值！你有沒有什麼樣的目標，是你追求的「利益」呢？或許是夢想、或許是人生自我的期許。

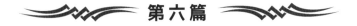

第六篇

總結

——坊間投資工具百百種，真正讓我達到財富自由的
卻只有房地產

——我們都知道中國人有句俗語叫有土斯有財，且台
灣大部分的有錢人都跟房地產有關！

——最後一篇的總結，跟你分享，為何我會選擇房地
產作為主要的理財投資工具，而非股市呢！

35

總結 6 個原因，為何我不會選擇
股市作為我主要的理財投資工具！

股市漲跌看似快，賺錢輕鬆，但是去
的也快。

網路上股民曾分享兩則笑話

第一則笑話是這樣說的：

為什麼我一個小小的散戶，竟然可以徹底左右整個
台灣的股市，每當我買進就下跌，賣出時它就上漲，空
手時它就狂噴，滿手時卻暴跌！為什麼手握千億資金的
大戶、法人、外資們，這幾年來就派人死死盯著我這幾
萬塊錢不放？這到底是為什麼？

第二則笑話則寫著：

某天 A 在便利商店滑手機，一邊吃著炸雞，一邊看

著股票，一個乞丐進來乞討，給了他一根雞腿後，A又繼續吃著炸雞看著手機股票。

這時乞丐看著A的手機說，長期均線黃金交叉，MACD底部背離、量價齊揚，這股票要漲了！

這時A驚訝的對著乞丐說。哇！這你也懂喔？

乞丐笑笑的回應說，不懂我會有今天？

看完這兩則笑話後，曾經做過股市的你我，是不是有一種似曾相識的感覺？

從事股市、期貨投資超過15年的我！過去總覺得股市的變現性快以及高投報率，讓我覺得致富翻身其實很容易！

再加上過去大學、研究所主要鑽研數學與統計學，認為若再加上籌碼與技術線型分析，每月只要隨便抓一兩根漲停板，就是10～20%的獲利！心想，我只要在股市裡面放個一兩百萬在裡面，獲利就相當於一個上班族好幾個月才有的薪水！

聽起來似乎不錯，但經過15年股市洗禮後，以下6個原因，卻仍讓我不會選擇股市作為我主要的理財投資工具：

1. 股市看似高報酬卻也等於高風險

過去 20 年，我在股票市場上的操盤與洗禮，不僅慘賠不少，最後連婚姻也賠了進去！有時一個方向下錯，反而讓我賠了更多！偶爾想運用高槓桿進行融資融券，融資融卷如同兩面刃，賺錢確實加倍，但是賠錢也是加倍的！而房地產卻是唯一可以拉五倍槓桿，卻又很安全保本的理財投資工具！因為現在隨便一家銀行的房貸，幾乎都可以貸 7～8 成了！你只需要拿出 2～3 成的頭期款！當然前提你必須先把你的信用養好！

2. 股市做好停損停利也未必獲利

股市進場前，即使我做好了停損停利，卻還是很容易賠錢，因為現今在股市裡的每個投資者，幾乎是人人都看得懂技術線型與籌碼分析，外資、法人的養、套、殺以及騙線，導致我經常的必須被迫停損、停利而提早下車！

就舉個簡單例子來說好了，倘若某一檔股票從 100 漲到 120，甚至是 150，相信不少人會覺得，哇！獲利 20、50％其實已經很可觀了，於是就設好停利下車！但很常卻發現當你停完利後，卻仍是持續上漲到 300、500 的

，開始揪心肝！相反的有時你做好了停損，從 100 跌到 80，決定停損後，卻沒想到停損完後，竟是反向上漲到 150、200 的！開始懊悔不已！

像過去每次這樣的上沖下洗之下！反而真正的大波段是看得到卻吃不到！而房地產你不需要看什麼技術線型，你也不需要做什麼停損停利，你只需要穩定的租客，長期收租，持有個 8 年 10 年的，就這樣房地產波段的增值，不僅你看得到而且你也吃得到！

3. 股市長期持有，不表示你一定獲利

或許有人會建議，投資股市可以穩健長期持有，同樣舉個例子來說好了，當你買一檔股票 20 元買進，卻是從 20 一路下滑跌到 18，再跌到 15 的，最後只好安慰自己，沒關係我是長期持有，反正只要股票張數還在，只要我撐得夠久，一定能等它漲回來，結果沒想到，最後有時卻是一路抱到變成雞蛋水餃股，甚至下市變成壁紙，像是這樣的案例個股，過去幾十年來真的是比比皆是！就拿我前公司華映中華映管來說好了，就是這樣。

有人建議說，那可以抱像是中鋼、中華電信或是

0050 等這種穩健個股，這樣個股類型，每年平均換算下來，大約是 2 ～ 5%的投報率！像這樣的個股不是不好，只是僅能抗抗通膨而已！若要想透過這種股票翻身致富，真的是難上加難！

而房地產過去凡長期持有 5 年、8 年、10 年的！獲利其實都是非常可觀的！俗話說：「真正的大錢是等待來的，絕非短暫的買進賣出！」，因為過去 10 年房價的漲幅，已經拉開有房族和無房族間的財富差距了。

4. 股市的變現性快

股市變現性快，看似優點其實也是缺點，今天或許你可以在股市裡馬上賺進 3、50 萬的，但是你卻會因為獲利了結後，就會想要犒賞自己，像是買支好錶，請家人吃頓好吃的，或是全家出去旅遊……等。久而久之賺到的錢並不容易留住！且有時自己或家裡人隨時要用錢時，你就會賣一點股票，過兩天就可以馬上拿到現金！看似變現性快！但其實並不容易把錢留住！如果每次都賺是還好，那萬一是賠錢的時候呢？

而房地產的變現性慢看似是缺點其實是優點，因為波段性的大錢反而是賺得到的，畢竟你不會因為房價一

坪漲個一、兩萬，你就把房子給賣了！你反而就會想說，反正只要放著有穩定租金進來就行！就這樣，很常不知不覺一放就是 5 年、8 年、10 年的，這一放，反而波段性的增值是看得見的！

5. 股市影響了我的健康

股市的高風險也等同於高壓力，過去當我每天進出股市，早上看完台股，晚上還得看美股開盤，半夜起床繼續觀察美股收盤情況，方便規劃隔天台股早盤的進場操作策略！長期之下，導致我肩頸經常性的僵硬，三不五時還得去中醫做推拿按摩，過去 20 年由於我長期在高壓力下，健康因此亮起了紅燈！起起落落的股市，每天的心情也就跟著起起落落！久而久之開始變得不愛出門交朋友！每天都是困在電腦螢幕前，計算著數字！心情壓力之大可想而知！當然健康就容易受到影響！

而房地產有所謂的懶人投資法！基本投資房地產時，我們只需要把房子整理好，讓任何人都會想住進去！並且花些時間慎選好的租客，長期穩定的收租就行！無論外面經濟景氣如何？只要租客穩定，你的收入就很穩定！而你唯一要做的事情，就是每月記得刷存摺，確認租

金是否進來就行了！剩下的時間你可以到處去戶外旅遊、運動、打打球，創造所謂的非工資收入被動收入，進而達到真正的財富自由！

6. 股市十個裡面有九個是賠錢的

在股市裡面賺賺小錢還可以，但是真正的大錢卻是不容易賺到！所以才有人說，股市裡面 10 個有 9 個是賠錢，當中 1 個卻是賺 9 個人的錢，而你我會是那唯一的 10% 人嗎？即使你是那 10% 的人，但你確定經過幾年之後，你會不會因為一次的操作失當，而把過去所賺得全賠回去呢？我相信這樣的案例不勝枚舉！

而房地產，相反的卻是 10 個裡面，竟有 9 個人是賺錢的，唯一那個會賠錢的！不外乎就是「急賣」，只有當你急賣時，才有可能造成在房市賠錢！因為你現在永遠買不到 10 年前的房價，你說是嗎？

以上 6 個原因，是我不會選擇股市作為我主要的理財投資工具！

█ 重點精華整理 ....

1. 股市看似高報酬卻也等於高風險：有時一個方向下錯，反而讓我賠了更多！偶爾想運用高槓桿進行融資融券，融資融卷如同兩面刃，賺錢確實加倍，但是賠錢也是加倍的！而房地產卻是唯一可以拉五倍槓桿，卻又很安全保本的理財投資工具！

2. 股市做好停損停利也未必獲利：股市進場前，即使我做好了停損停利，卻還是很容易賠錢，外資、法人的養、套、殺以及騙線，導致我經常的必須被迫停損、停利而提早下車！而房地產你不需要看什麼技術線型，你也不需要做什麼停損停利，你只需要穩定的租客，長期收租，持有個 8 年 10 年的，就這樣房地產波段的增值，不僅你看得到而且你也吃得到！

3. 股市長期持有，不表示你一定獲利：穩健個股，每年平均換算下來，大約是 2～5％的投報率！僅能抗抗通膨而已！而房地產過去凡長期持有 5 年 8 年、10 年的！獲利其實都是非常可觀的！

4. 股市的變現性快：股市變現性快，但其實並不容易把錢留住！而房地產的變現性慢，反而波段性的增

值是看得見的！

5. 股市影響了我的健康：股市的高風險也等同於高壓力，長期在高壓力下，健康因此亮起了紅燈！起起落落的股市，每天的心情也就跟著起起落落！而房地產有所謂的懶人投資法！只要租客穩定，你的收入就很穩定！創造所謂的非工資收入被動收入，進而達到真正的財富自由！

6. 股市十個裡面有九個是賠錢的：股市裡面 10 個有 9 個是賠錢，當中 1 個卻是賺 9 個人的錢，而你我會是那唯一的 10％人嗎？而房地產，相反的卻是 10 個裡面，竟有 9 個人是賺錢的，因為你永遠買不到 10 年前的房價！

36

總結 8 個理由，為何我會選擇房地產作為主要的理財投資工具！

> 房地產入手看似困難，但卻也是相對安全穩健的投資工具

　　過去的我，總覺得房地產投資，是有錢人才能做的事情，因為必須要有足夠的頭期款才能買得起房，再加上因為害怕買了房之後，每月的房貸讓我失去了生活品質，我開始無法去旅遊、吃好吃的美食、買喜歡的衣服、包包，另外又害怕買房之後，馬上就要背負 2、30 年的房貸，更害怕買房之後，萬一繳不出房貸，房子可能會斷頭或是被法拍！直到五年前我遇上了我房地產教練後，他跟我分享房產正確的觀念與有錢人的操作模式後，我才發現以上我所擔心的問題，竟都不成問題，其實只在

於你是否有好的教練或老師引導與帶領！

過去五年我也透過正確的操作模式，為自己累積 15 間房產！以下總結 8 個理由，跟你分享我為何選擇房地產作為主要的理財投資工具！

1. 有錢人的儲蓄模式

我們都知道中國人有句俗語叫有土斯有財，且大部分的有錢人，基本上都跟房地產有關！同樣都是儲蓄，有人把錢存在保險、有人把錢存在定存或是基金。10 年後，誰會比較有錢？房地產不僅可以賺取租金收入，讓別人幫你存錢！也還可以因為選擇較佳的地段而賺取增值！過去曾有一則新聞專訪指出，如果時間倒回 10 年前，你會投資什麼？結果超過 6 成的民眾，選擇的是買房，因為過去 10 年房價的漲幅，已經拉開有房族和無房族間的財富差距了。

2. 風險考量

房地產的保值保本是出了名的，不僅不用擔心像股票般的大起大落高風險，更不用擔心房地產變壁紙，變得毫無價值，當然前提你不要選太偏僻的區域！有個房

產大師曾說過這樣的一段話，如果你買房，房子漲了你是贏家，不漲還是你家；不買房呢？漲了你是輸家，不漲你還是沒家！從而顯見房產的風險是，最差的情況你還是有一個可以遮風避雨的地方！

3. 懶人的理財投資工具

你不用像股票一樣，經常看盤操心這操心那的！你也不用擔心國際股市動盪不安！你只需要把房子整理好，讓任何人都會想住進去！並且花些時間慎選好的租客，長期穩定的收租就行！無論外面經濟景氣如何？只要租客穩定，你的收入就很穩定！如果你怕麻煩，現在外面有許多聲譽不錯的代租代管公司，你只需一年付個少少的代租代管費，他們都會幫你做好服務！幫你收房租，幫你打掃房子找租客，而你唯一要做的事情就是，每個月記得刷存摺，確定租金是否進來就行了！

4. 變現性慢

房地產變現性慢，看似缺點，實則是優點，因為波段性的大錢反而是賺得到的，因為人們不會因為房價一坪漲一萬，然後你就把房子給賣了！通常大部分的人都會想說，反正只要放著有穩定租金進來就行！就這樣

，很常不知不覺一放就是 5 年、8 年、10 年的，這一放，反而波段性的增值是看得見的！尤其現在因為房地合一 2.0 的關係，許多人為了避免被課重稅，一般都會放 5 年以上，而通常這一放，獲利都是很可觀的！俗話說：「真正的大錢是等待來的，絕非短暫的買進賣出！」

5. 抗通貨膨脹

過去有許多人表示，房價是被我們這些專教房地產的老師或投資客給炒出來的，我在這邊想說明的是，過去 10 年 20 年許多人也沒投資房地產呀！房價還是持續的在上漲！

我這邊就舉個簡單的例子說明好了，早期一碗牛肉麵 50 元、60 元的，現在一碗牛肉麵 100、200 的，大家怎不罵這些炒牛肉麵的人呢？怎越炒越高，或許這時會有人說我這是硬拗，我這麼解釋好了！牛肉麵的牛肉，是越來越貴還是越來越便宜呢？油是越來越貴還是越來越便宜？人工、租金、麵粉、瓦斯……等。這些東西是不是都越來越貴呢？當所有東西都越來越貴時，你還指望牛肉麵回到過去的 5、60 元嗎？以上都是基於成本上的考量！當萬物皆漲的情況下，錢放在銀行只會越放越薄，所以房地產也是一個很好抗通貨膨脹的理財工具！

6. 成本上的考量

　　房價會漲，是因為鋼筋混泥土、原物料持續的上漲、人工薪資也跟著上漲，政府釋出的土地也在創新高價，當新建案的售價越來越高！是否也會連帶影響到周圍的中古屋，也跟著上漲呢？台灣的土地有限，因為土地稀缺性而上漲，同樣的地段物件只會有一個，無法再複製出第二個！因為稀缺性的關係，才導致房價持續的上漲！萬物皆漲的情況下，沒有理由房價卻不漲！

7. 房地產是重要的經濟指標

　　台灣兩大經濟指標，股市跟房市，股市不好，政府救不救，一定救，因為許多上市櫃企業集資，靠的就是股市，如果股市不好，就會影響各企業營運！企業營運不好，員工工作就會受到影響，員工一旦受到影響！社會就會出問題。

　　同樣的拿房地產來說好了！跟房地產有關的行業有哪些？包含像是鋼筋混泥土業、木工裝潢業、家具、家電、設計師、營造業、水電、……等。一旦這些行業受影響，背後的員工受不受影響，背後的員工一旦薪水受影響，餐飲業受不受影響，舉例來說，鋼鐵公司的員工，本來全家說好要去吃王品牛排的，結果因為房地產不好，

造成鋼鐵業沒加班費，只好全家改吃夜市牛排！當大家改吃夜市牛排時，請問那王品牛排的員工薪資會不會受影響！說到這你是否發現，房地產的牽連性實在是太大了！所以房地產一旦不好，政府一定救，因為房地產一旦不好，百業就跟著蕭條。

8. 把成功留住

任何的投資創業做生意都是有風險的，前面你可以 9 次成功，最後一次只要一個不留神失敗了！將會把你過去的努力化整為零！而房地產是最佳的把成功留住的方法！不僅安全保本，更可以逼迫你存錢！雖說付利息給銀行也是一種損失，但是低利時代的來臨，房地產的增值，遠比你所付出的利息多更多！過去兩年曾看到影視明星澎恰恰破產的新聞，他過去工作創業都非常的努力！卻因為一次的創業投資失敗！造成血本無歸！而他過去累積的房產，卻也因為這次事件，幫助他還清了不少的債務！

以上 8 個理由，跟你分享為何我會選擇房地產作為主要的理財投資工具！

▌重點精華整理 ∙∙

1. 五年前我遇上了我房地產教練後，他跟我分享房產正確的觀念與有錢人的操作模式後，我才發現我過去所擔心的問題，竟都不成問題，其實只在於你是否有好的教練或老師引導與帶領！

2. 有錢人的儲蓄模式：房地產不僅可以賺取租金收入，讓別人幫你存錢！也還可以因為選擇較佳的地段而賺取增值！

3. 風險考量：房地產的保值保本是出了名的，不僅不用擔心像股票般的大起大落高風險，更不用擔心房地產變壁紙，變得毫無價值。

4. 懶人的理財投資工具：你只需要把房子整理好，讓任何人都會想住進去！並且花些時間慎選好的租客，長期穩定的收租就行！

5. 變現性慢：房地產變現性慢，看似缺點，實則是優點，因為波段性的大錢反而是賺得到的，因為人們不會因為房價一坪漲一萬，然後你就把房子給賣了！「真正的大錢是等待來的，絕非短暫的買進賣出！」

6. 抗通貨膨脹：當萬物皆漲的情況下，錢放在銀行只會越放越薄，所以房地產也是一個很好抗通貨膨脹的理財工具！

7. 成本上的考量：台灣的土地有限，因為土地稀缺性而上漲，同樣的地段物件只會有一個，無法再複製出第二個！因為稀缺性的關係，才導致房價持續的上漲！萬物皆漲的情況下，沒有理由房價卻不漲！

8. 房地產是重要的經濟指標：台灣兩大經濟指標，股市跟房市，跟房地產有關的行業有哪些？包含像是鋼筋混泥土業、木工裝潢業、家具、家電、設計師、營造業、水電、……等。一旦這些行業受影響，背後的員工受不受影響，房地產的牽連性實在是太大了！所以房地產一旦不好，政府一定救，因為房地產一旦不好，百業就跟著蕭條。

9. 把成功留住：房地產是最佳的把成功留住的方法！不僅安全保本，更可以逼迫你存錢！

從 10 萬到兩億：小資族的房產投資勝經，我是 Money 哥，僅用 4 年，從無殼蝸牛到坐擁 15 間房的真誠告白

作　者／賴政昌
責任編輯／twohorses
企畫選書人／賈俊國

總 編 輯／賈俊國
副總編輯／蘇士尹
編　　輯／高懿萩
行銷企畫／張莉滎　蕭羽猜　黃欣

發 行 人／何飛鵬
法律顧問／元禾法律事務所王子文律師
出　　版／布克文化出版事業部
　　　　　台北市中山區民生東路二段 141 號 8 樓
　　　　　電話：(02)2500-7008　傳真：(02)2502-7676
　　　　　Email：sbooker.service@cite.com.tw
發　　行／英屬蓋曼群島商家庭傳媒股份有限公司城邦分公司
　　　　　台北市中山區民生東路二段 141 號 2 樓
　　　　　書虫客服服務專線：(02)2500-7718；2500-7719
　　　　　24 小時傳真專線：(02)2500-1990；2500-1991
　　　　　劃撥帳號：19863813；戶名：書虫股份有限公司
　　　　　讀者服務信箱：service@readingclub.com.tw
香港發行所／城邦（香港）出版集團有限公司
　　　　　香港灣仔駱克道 193 號東超商業中心 1 樓
　　　　　電話：+852-2508-6231　　傳真：+852-2578-9337
　　　　　Email：hkcite@biznetvigator.com
馬新發行所／城邦（馬新）出版集團 Cité (M) Sdn. Bhd.
　　　　　41, Jalan Radin Anum, Bandar Baru Sri Petaling,
　　　　　57000 Kuala Lumpur, Malaysia
　　　　　電話：+603- 9057-8822　　傳真：+603- 9057-6622
　　　　　Email：cite@cite.com.my
印　　刷／韋懋實業有限公司
初　　版／ 2023 年 5 月
定　　價／ 380 元
Ｉ Ｓ Ｂ Ｎ／ 978-626-7256-80-0
Ｅ Ｉ Ｓ Ｂ Ｎ／ 9786267256824(EPUB)